청소년들의 진로와 직업 탐색을 위한
잡프러포즈 시리즈 22

*세상을 무대로 소통하는

동시통역사

★ 세상을 무대로 소통하는

동시통역사

simultaneous interpreter

★ 이윤희 지음

탁월한 능력은 새로운 과제를 만날 때마다
스스로 발전하고 드러낸다.

– 발타사르 그라시안, Baltasar Gracian –

인간은 양도할 수 없는
자기 계발 권리를 지닌다.

– 저메인 그리어, Germaine Greer –

C·O·N·T·E·N·T·S

C·O·N·T·E·N·T·S

.

동 시 통 역 사　이 윤 희 의　프 러 포 즈

안녕하세요? 동시통역사 이윤희예요. 프리랜서 통역사들이 가장 바쁜 가을 시즌을 보람 있게 마치고 드디어 여유롭게 글을 쓸 시간이 생겼네요. 그런데도 아직 성수기의 여파가 남아 있는지 아니면 제 이야기를 나눌 기회가 생겨 좋아서 그런지 몸도 마음도 들떠있답니다.

동시통역사라고 제 자신을 소개할 때마다 돌아오는 첫 번째 반응은 보통 외마디 감탄사예요. 아마도 주변에 흔치 않고, 머리가 굉장히 좋아야만 할 수 있을 것 같으며, 고위직 인사들을 만나 화려한 곳에서 우아하게 일할 것 같은 생각이 들어서겠죠? 그런 생각이 틀린 것은 아니지만, 통역사의 삶 전체를 놓고 보면 그런 이미지들은 일부에 지나지 않아요. 미디어에서 보여주는 국한된 모습을 보고 어떨 것이다 추측한 것이겠죠. 한 사람이 국제회의 통역사가 되기까지, 또 통역사로 일하면서 동시통역 부스에 들어가 맡은 일을 해내기까지의 과정을 들여다보면 화려함은 고사하고 고난과 인내라는 설명이 더 어울릴 법한 일인데 말이에요. 이 책을 통해 알려지지 않은 이야기를 최대한 현실적으로 전달하고 싶어요. 이 직업에 대해 흔히 알려진 잘못된 정보들도 바로잡으려고 노력했고요.

혹시 외국어를 좋아하고 동시통역사라는 직업에 대한 막연한 동경이 있지만 왠지 내 실력으로는 턱없이 부족한 것 같고, 외국에서 살다 온 한국인들이 흔해진 세상에서 내가 할 수 있는 일은 아닌 것 같다고 생각하는 분들이 있을지도 모르겠어요. 그런 분들이 있다면 제 얘기가 큰 도움이 될 거라 생각해요. 저 역시 학교에서 배운 대로 문제만 풀 줄 알았지, 성인이 될 때까지 영어를 제대로 말하지 못했어요. 영어를 잘하고 싶었지만 마음대로 안되다 보니 어릴 때 외국에서 살다와 모국어처럼 편하게 영어를 하는 친구들에게 질투를 넘어 얄미움을 느끼기도 했죠. 자격지심으로 똘똘 뭉친 시기도 있었지만 영어를 잘하고 싶다는 갈망은 결코 사라지지 않았어요. 그 꿈을 포기하지 않고 통번역대학원 진학에 도전하기로 마음먹었는데 그건 제 인생의 터닝 포인트이자 가장 잘한 결정이 아니었을까 해요. 입학보다 졸업이 더 어렵다는 악명 높은 통번역대학원을 수석으로 졸업하면서 결국 길고 길었던 자격지심과의 싸움에서 승리한 제 얘기가 지금 치열한

고민을 하고 있을 누군가에게 작은 희망이 되었으면 해요.

동시통역사는 언어 장벽에 부딪친 사람들의 원활한 소통을 보장하는 매력적인 직업이며, 매번 새로운 분야를 공부하고 새로운 곳에 가서 새로운 사람들과 일할 수 있는 특별한 커리어예요. 그냥 지나칠 수 있는 사소한 것에도 주의 깊게 관심을 기울이고, 새로운 정보를 접하면 호기심에 눈이 반짝이고, 한국어 외국어 할 것 없이 글을 쓰고 읽는 것을 즐겨 한다면 과감하게 프리랜서 동시통역사의 세계에 뛰어 들길 권합니다. Welcome!

첫인사

토크쇼 편집자 – 편

동시통역사 이윤희 – 이

편 먼저 자기소개를 부탁드려요.

이 안녕하세요. 프리랜서 국제회의 통역사로 일하고 있는 이윤희라고 해요.

편 이 일을 하신지는 얼마나 되셨나요?

이 2014년 2월에 통번역대학원에서 석사학위를 받았으니까 거의 5년을 꽉 채워서 일했네요. 연차로는 이제 곧 6년 차가 되는 거고요.

편 동시통역사라는 직업을 선택한 이유가 있나요?

이 저는 어릴 때 꼭 되고 싶은 직업이 있지는 않았어요. 꿈이 뚜렷한 편은 아니었죠. 그렇지만 언어에 관심이 많았던 건 확실해요. 언어를 공부하는 게 흥미로웠고 이국의 언어라는 미지의 영역은 어린 제 호기심을 자극했어요. 저처럼 어려서 언어를 좋아했던 친구라면 한 번쯤 동경했던 직업이 바로 동시통역사가 아닐까 싶은데요. 저 역시 국제무대에서 활약하는 동시통역사들을 보고 참 멋있다, 나도 저렇게 되고 싶다는 생각을 했지만 외국 생활을 하지 않았기 때문에 내 영어 실력으로는 어렵지 않을까 하고 속단했어요.

대학교 4학년이 될 때까지도 특별히 하고 싶었던 일이 없어서 다른 친구들처럼 일반 기업에 취업을 할까도 생각했어요. 그런데 제 전공도 그렇고 학점이나 스펙을 봤을 때 취업에 유리한 면이 하나도 없는 거예요. 그래서 진지하게 고민을 시작했죠. 부모님과도 상의하면서요. 부모님께서는 사업을 하셨는데 두 분의 성격이 정반대예요. 몇십 년을 함께 사업을 하셨지만 두 분은 각각 사업의 부정적인 면과 긍정적인 면을 대변하시는 것만 같았죠. 아버지는 남의 밑에서 일하는 것보다 내 사업을 꾸리면 자유롭게 일할 수 있다는 사업의 좋은 점을 강조하시며 너도 그런 직업을 알아보는 게 어떠냐고 하셨어요. 반면 어머니는 사업의 불안정한 면을 싫어하셔서 저희들은 그렇게 살지 않았으면 하셨죠. 공무원시험을 봐서 안정적인 직업을 갖는 걸 권유하셨어요. 두 분의 제안이 완전히 반대셨죠. 제 삶이고 결국 결정은 제 몫이기 때문에 치열하게 고민했어요. 그리고 고민 끝에 제 흥미라든가 적성, 성향 등이 동시통역사와 잘 맞을 거라고 판단했어요.

내가 좋아하는 일과 내가 잘하는 일이 꼭 일치하는 건 아니잖아요. 그런데 아주 감사하게도 저는 좋아하는 일과 잘하는 일이 일치했어요. 이 점 역시 이 길을 걷고자 결심하는데

적지 않은 영향을 주었죠. 그렇게 마음은 정했지만 지금 준비해서 될 수 있을까라는 걱정이 들었어요. 그런 우려 때문에 바로 조사에 들어갔는데 국내에서 나고 자란 사람도 통번역대학원에 합격한 사례가 생각보다 많더라고요. 그렇다면 나도 될수 있겠다 싶어서 지금부터라도 준비를 하자고 마음먹었죠. 그때 대학 졸업을 1년 유예하고 입시 준비를 했어요. 각고의 노력 끝에 합격을 했고 통번역대학원에 진학하면서 동시통역사의 길을 걷게 되었죠.

편 대학원에 진학해 통번역을 공부했다고 하셨는데, 그럼 대학 때 전공은 뭐였나요?

이 저는 독어독문학과와 정치외교학을 복수전공했어요. 전공을 미리 정하고 대학에 들어간 것이 아니라 인문대학에 들어가서 1학년 때는 전공 없이 여러 수업을 들었죠. 여러 학문을 경험해보고 저와 맞는 전공을 선택한 거고요. 처음에는 영어영문학과에 가려고 했었어요. 그런데 1학년 때 영어영문학과 수업에 들어갔더니 충격적일 정도로 재미가 없는 거예요. 이렇게 재미없는 걸 4년 동안이나 공부하지는 못하겠다는 생각이 들더라고요. 그래서 다른 전공을 좀 더 둘러봤죠. 국어국문학과는 저랑 잘 맞지 않아 보였고, 다른 외국어를 배우면 좋을 것 같아 독어독문학과 불어불문학을 놓고 고민했어요. 이 전공들은 언어만 다루는 것이 아니라 문학도 공부해야 해서 우선 도서관에 갔죠. 독문학 책과 불문학 책을 여러 권 빌려서 읽어봤는데 불문학들이 너무 난해한 거예요. 스무 살 어린 나이라 그런지 한 권을 다 읽긴 했는데 이해가 잘 가지 않았죠. 반면 독문학은 주제가 굵직굵직하고 깔끔한 편이라 상대적으로 이해하기도 쉽고 더 와닿았어요. 제 성격을 고려해봐도 독어와 더 맞을 것 같았고, 그렇다면 더 재미있게 공부할 수 있지 않을까 싶어 이 전공을 선택하게 되었어요.

편 독어 통역사가 되고 싶지는 않았어요?

이 네. 왜냐하면 독일어는 영어에 비해 훨씬 못했거든요. 대학교에 다닐 때는 남산 독일문화원에 있는 학원까지 찾아서 다닐 정도로 재미있게 공부했지만 독일어로 통역을 할 정도까지 실력을 끌어올리기에는 시간이 부족했던 것도 있고, 무엇보다 시장 정보를 취합하다 보니 독어와 불어는 영어로 대체된 지가 꽤 오래전이라고 하더라고요. 영어를 못하는 독일인이 와서 독일어 통역사를 쓰는 경우도 분명히 있고 모국 언어의 자부심 때문에 독어를 사용하는 분도 있어요. 고위 관리직의 경우 굳이 영어로 말을 할 필요가 없기 때문에 그런 분이라면 의전 차원에서 독일어 통역사를 대동하기도 하고요. 그렇지만 그런 수요는 너무 적다고 판단했죠. 아무래도 국제무대에서는 영어가 주로 쓰이기 때문에 영어 통역사를 선택했어요.

📧 이 직업을 프러포즈하는 이유는 뭔가요?

이 많은 수의 직장인들은 매일 같은 시간에 같은 장소로 가서 매번 보는 동료들을 만나 일을 하죠. 그런 풍경을 상상하면 너무 답답하다는 생각을 종종 했어요. 여러분들 중에도 저처럼 그런 생각을 하면 갑갑하다는 느낌을 받는 친구들이 분명 있을 거예요. 그런 반복되는 일상에 나를 대입해봤을 때 과연 내가 그 속에서 온전히 제구실을 할 수 있을까? 그 안에서 즐거울까? 하는 의구심이 드는 친구들에게 제 직업을 소개하고 싶어요. 이 일은 매번 새로움을 주거든요. 새로운 환경에 나를 끊임없이 노출시키다 보면 굉장한 에너지와 활기를 얻을 수도 있어요. 매우 다양한 산업을 두루 경험할 수 있으니 우리 사회 전반에 대한 호기심도 충족시킬 수 있죠. 물론 각 분야마다 깊이 있는 지식을 쌓기에는 시간적으로 무리가 있지만 다양한 교양을 쌓는데 이 일은 무척 도움이 돼요. 여러 사람을 만나며 인간과 우리의 삶에 대한 다양한 시선을 가질 수도 있고요. 요즘은 일과 삶의 균형 또한 중요하게 생각하는데요. 이 일은 마치 방학처럼 비수기가 있어서 그동안 장기간의 휴식을 누릴 수 있어요. 비수기에는 여행을 가거나 하고 싶었던 일을 하며 몸과 마음을 재충전할 수 있죠. 그럼 좋긴 한데 비수기에는 소득이 없어 어쩌나 걱정할지도 모르겠네요. 비수기가 있으면 성수기도 있기 때문에 그때 좀 더 벌어놓으면 큰 문제는 없을 거예요.

4차 산업혁명의 도래로 인한 일자리와 고용 형태의 변화를 예상하는 연구가 많은데요. 연구 결과를 보면 앞으로는 프리랜서 형태의 고용이 많아질 거라고 해요. 그런 미래를 고려할 때 꼭 이 일을 꿈꾸는 사람이 아니더라도 프리랜서의 한 직종으로서 동시통역사에 대해 알아보는 것도 유의미하다는 생각이 들어요. 일은 사무실이라는 한정된 공간에서만 하는 것이란 개념도 많이 퇴색되어 가고 있어요. 우리나라에서는 아직 많이 시도하진 않지만 외국에서는 일하는 곳이나 시간을 유연하게 조정하는 곳이 많아요. 자신의 상황에 맞게 근무 장소나 근무 시간을 탄력적으로 운용하는 거죠. 대신 내가 스케줄을 정한 이상 그에 따른 책임도 확실히 본인이 지게 돼요. 주체적으로 일을 해야 하기에 자기관리가 무엇보다 중요하고요. 스스로 모든 걸 해내야 하기 때문에 때론 힘들기도 하지만 그만큼 생동감 있게 삶을 꾸려갈 수 있는 이 일, 동시통역사를 프러포즈해요.

동시통역사란

동시통역사라는 직업에 대해 소개해주세요.

편. 동시통역사라는 직업에 대해 소개해주세요.

이. 간단하게 이야기하면 출발어와 도착어 두 개의 언어가 있는데요. 출발어를 도착어로 옮겨 주는 작업을 통역이라고 해요.

편. 통역사도 다양한 종류가 있나요?

이. 네. 통역에는 동시통역과 순차통역, 위스퍼링통역, 릴레이통역 등이 있는데요. 물론 각 통역을 전문으로 하는 통역사도 있지만 프리랜서로 국제회의통역을 하다 보면 고객의 요구와 상황에 맞춰 네 가지 형태의 통역을 모두 하게 돼요. 저 역시 비중의 차이는 있지만 이 네 가지 형태의 통역을 모두 하고 있어요. 통번역대학원에서 국제회의통역학 석사학위를 받기 위해서는 동시통역과 순차통역 시험 두 가지 모두 합격해야 하고요.

이 일을 하며 느낀 것이 있는데 동시통역과 순차통역에 대한 개념이 확실하게 잡혀있지 않다는 거예요. 두 개의 방식이 어떻게 다른지 모른 채 의뢰하는 고객은 말할 것도 없고요, 동시통역을 한다는 분들도 그분들이 통역한 자료를 보거나 통역했던 방식을 물어보면 순차통역을 했더라고요. 의미를 정확히 구분하지 않아 그런 식으로 착각하는 분이 꽤 있죠. 그런 만큼 종류별로 다른 통역의 개념을 짚고 넘어가는 게 좋겠네요.

먼저 순차통역이란 연사가 연설을 하면 옆에서 바로 그 말에 이어 통역하는 것을 말해요. 연사가 말을 하고 멈췄을 때 통역사가 말을 옮겨주고 다시 연사가 말을 하고 통역사가 말을 옮겨주는 게 순차적으로 진행되는 거죠. 진행 방식이 그렇다 보니 보통 통역사 한 명이 투입되며, 연사 옆이나 무대에 함께 서서 진행해요. 동시통역이란 연사의 목소리를 들으면서 연사가 말할 때 통역사도 마이크에 대고 동시에 말하는 통역을 말해요. 일반적으로 통역 장비가 구비된 부스가 설치되는데, 부스에 들어가 자리에 앉은 후 각자 준비한 헤드폰을 장비에 연결해요. 연사의 말을 들으며 통역하면 청중들은 귀에 이어폰을 꽂고 통역사의 목소리를 듣게 되죠. 동시통역은 2인 1조로 진행돼요. 순차통역에 비해 상대적으로 높은 집중력을 요하며 치열하게 두뇌를 가동해야 하는 작업이라 30분 이상을 통역하다 보면 한계에 도달하거든요. 그런 문제를 보완하기 위해 2명이 한 조가 되어 일하고 있죠.

그리고 위스퍼링통역이란 게 있는데요. 동시통역과 방식

순차통역

동시통역

위스퍼링통역

은 같지만 통역에 필요한 부스나 헤드셋 없이 한두 사람 뒤에서 속삭이듯 실시간으로 통역을 해주는 것을 말해요. 통역이 필요한 외국인 한두 명이 한국어로 진행되는 회의에 참석했는데 회의 내용을 알아야 한다고 하면 위스퍼링통역을 사용하는게 좋겠죠. 마지막으로 미디어에 가장 빈번하게 노출되어 많이들 보셨을 수행통역이란 게 있어요. 통역이 필요한 유명 인사나 고위관리직이 방문했을 때 그들을 따라다니면서 의사소통을 돕는 것을 말하죠.

편 관광통역이나 수화통역은 별개인가요?

이 네. 완전히 별개라고 보시면 돼요. 관광통역의 경우 관광통역안내사라는 자격이 따로 있어요. 관광통역안내사는 국내를 여행하는 외국인에게 외국어를 사용하여 관광지나 관광대상물을 설명하거나 여행을 안내하는 등 여행의 편의를 제공하는 업무를 수행하죠. 해당 자격을 취득하는데 도움을 주는 교육기관이 있으며 시험은 1차 필기시험과 2차 면접으로 구성되어 있어요. 수화통역의 경우 국가수화통역사라는 자격이 있는데요. 국가수화통역사는 농인과 청인의 의사소통 상황에서 메시지를 전달하는 중계자의 역할을 담당하죠. 1차 필기시험과 2차 실기시험에 합격해야 자격을 취득할 수 있고요. 반면 저희처럼 콘퍼런스나 국제회의 등에서 동시통역을 하는 경우는 자격증이 따로 없어요. 통번역대학원 졸업증이 자격증과 같은 개념으로 통용되고 있죠. 더불어 고용 형태에 따라 구분하자면, 프리랜서 통역사 외에도 특정 기관이나 기업에 고용돼서 월급을 받고 일을 하는 인하우스 통역사와 일정 기간 동안만 기업에 상주하며 일을 하는 프로젝트 통역사도 있어요.

편 전 세계 언어는 매우 다양하지만 그중에서도 영어의 수요가 가장 많겠죠?

이 그렇죠. 영어의 수요가 가장 많고, 한국에서는 영어와 일본어, 중국어를 제외한 언어는 일반적으로 희소 언어로 분류되고 있어요. 예를 들어 콘퍼런스에 다양한 언어권의 연사가 온다고 해봐요. 그럴 때 각 언어권의 통역사 부스가 설치되기도 하지만 예산 등의 문제로 한 개 언어의 통역만 가능하다면 고객은 항상 영어를 선택하죠.

편 국어를 영어로 통역하는 기술과 영어를 국어로 통역하는 기술이 있을 텐데, 둘 다 할 수 있어야 하나요?

이 둘 다 할 수 있어야 해요. 한 회의라 하더라도 영어를 말하는 연사 다음에 한국어로 얘기하는 연사가 나올 수도 있거든요. 파트를 나눠서 하긴 하지만 한 사람이 한 방향으로만 하지는 않고 차례대로 통역하기 때문에 내 차례에 영어로 말해야 한다면 영어로, 한국어로 말해야 한다면 한국어로 해야 하죠. 물론 통역사마다 더 편한 언어가 있지만 프리랜서로 경쟁력을 갖기 위해선 두 언어 모두 자연스럽게 말할 수 있어야 해요.

전에 만났던 한 통역사분은 어릴 때부터 외국 생활을 오래 해서 그런지 한국어를 말할 때면 약간 아기 말투가 나오는 것이 고민이라고 하더라고요. 청중들에게 어린애가 말하는 것 같이 들려 신뢰감이나 전달력이 떨어지지는 않을까 걱정이라고요. 저 같은 경우는 외국 생활을 하지 않아 그런지 연설문이나 공식적인 자리에서 사용하는 표현은 외워서 익힌 덕에 잘 나오는 편인데 갑자기 일상적인 말을 할 때면 탁 막히곤 했었어요. 그래서 통번역대학원에 다닐 때는 일상 영어를 보완하기 위해 많이 노력했죠.

편 통번역대학원에서는 통역과 번역을 같이 배우는 건가요?

이 네. 그렇긴 한데 학교마다 시스템이 조금씩 달라요. 제가 다닌 학교는 동시통역과 순차통역, 번역을 의무적으로 해야 하는 구조라서 무조건 다 배워야 했어요. 반면 번역학과와 통역학과를 따로 선발한 학교도 있었어요. 또 어떤 학교는 통역학과 학생들을 1년 동안 가르친 후 그중에서 역량 있는 학생들만 선발해 동시통역을 가르치기도 했고요.

편 둘 다 배웠는데 번역이 아닌 통역을 위주로 하는 이유가 있나요?

이 저도 가끔씩 번역을 하긴 해요. 동시통역사로서 이렇게 말하면 아이러니하게 들릴 수 있는데 제가 되게 산만해요. 그러다 보니 혼자 앉아서 문서작업을 하다 보면 한없이 늘어지는 경향이 있어요. 중간중간 딴짓도 하고 딴 생각도 많이 하거든요. 또 호기심이 많아서 이 표현은 어떻게 하면 좋을까 찾아보다가 다른 길로 끝도 없이 빠져들어요. 재미있는 기사를 찾아보다 보면 몇 시간이 금방 가죠. 번역이 통역보다 재미가 없거나 그런 건 아닌데 제 성향이 이렇다 보니 들이는 시간에 비해 수입이 적어요. 통역 같은 경우 중간에 딴짓을 할 수 없는 구조라 그 시간 동안은 집중해서 일할 수 있는데요. 그런 식으로 단시간에 집중해서 일하고 털어버리고 나올 수 있는 통역 일이 저와 잘 맞아요. 저와는 달리 현장에서 사람들이 나를 바라보고 내 말에 귀를 기울이는 게 너무 부담이 된다는 동기도 있는데, 그 친구는 혼자 조용히 작업할 수 있는 번역이 훨씬 좋다고 해요. 다 개인의 성향 차이죠.

카페에서 번역 업무, 번역은 어디에서나 가능해요

편 성향의 차이로 선택하는 거지, 어떤 게 더 쉽다고 말할 순 없는 거네요.

이 네. 어떤 사람들은 번역의 경우 모르면 찾아볼 수 있으니 더 쉽다고 얘기하기도 하는데요. 저는 꼭 그렇진 않다고 생각해요. 번역에 요구하는 질이 통역과는 수준이 다르거든요. 통역은 말의 의미가 전달됐으면 어느 정도 수용이 되지만, 번역을 통역처럼 할 수는 없어요. 완성도 높은 깔끔한 문장으로 번역해야 하죠. 그리고 통역은 녹음을 하면 추가 비용을 청구하게 되어 있어요. 보통 두 배의 비용을 청구하기 때문에 거의 녹음은 하지 않아서 내가 한 말이 증거로 남을 일이 없죠. 번역은 당연히 자료가 남게 되고요. 또한 통역 중 말을 버벅거려도 바로 번복을 하면 큰일이 아닌데, 번역은 오탈자나 오역이 있으면 나쁜 평가를 받을 수 있어요. 번역이 통역에 비해 쉽다고 말할 순 없는 지점들이죠.

편 중요한 회의나 증거를 남겨야 하는 경우에는 녹음을 하기도 하나요?

이 네. 회의록을 작성해야 하거나 증거로 남겨 어딘가 제출해야 하는 경우 녹음을 하는데요. 녹음을 하게 되면 저희 입장에서는 심리적으로 부담이 되기 때문에 비용을 더 청구해요.

편. 통역하다가 잠깐 딴 생각을 하는 바람에 멈췄던 적은 없었나요?

이. 딴 생각을 하다 멈춘 적은 없는데, 내가 분명히 아는 표현인데 도저히 생각이 나질 않아 당황스러웠던 적은 가끔 있었어요. 저희는 2인 1조로 일을 하는데요. 파트너의 통역을 듣는 건 예의가 아니라서 자세히 듣지는 않지만 말하는 흐름은 파악하고 있는데 순간 말이 멈추는 경우가 있어요. 어떤 단어를 나중에 붙이려고 안 하고 있는 건지, 해당 단어가 생각이 나질 않아 안 하고 있는 건지 들어보면 알거든요. 두 번째 경우라고 판단되면 종이에 써줘요. 가끔 자료에는 없는 몇 천억 단위의 숫자가 나와서 당황하기도 하는데 이런 때도 종이에 써주고요. 이런 식으로 서로 돕는 거죠.

편. 모르는 사람과 파트너로 일하는 거예요?

이. 그렇죠. 그런데 이 업계가 좁아서 일을 오래 하다 보면 아는 사람을 만나는 일이 점점 많아져요. 에이전시에서는 사전에 함께 일할 파트너의 연락처를 알려주는데요. 상대방과 미리 연락해서 파트를 나누면 자신이 맡은 부분을 집중해서 공부할 수 있게 되죠.

편 파트는 어떤 식으로 나누나요?

이 30분 이내로 발표가 하나씩 이뤄진다고 한다면 발표 하나씩 돌아가면서 맡아요. 기조연설이나 중요한 발표 같은 경우는 한 시간씩 이어지기도 하는데요. 그런 경우에는 전반부와 후반부를 30분 정도씩 맡기도 하죠. 이런 식으로 사전에 자신이 통역할 파트를 배분하고 있어요.

최초의 동시통역사는 누구인가요?
어떻게 이 직업이 생겼는지 궁금해요.

편️ 최초의 동시통역사는 누구인가요? 어떻게 이 직업이 생겼는지 궁금해요.

이️ 사실 저도 최초의 동시통역사가 누군지 잘 몰라서 찾아봤는데 정보가 다 다르네요. 확실하지 않은 정보는 모른다고 하는 게 낫겠다 싶으니 잘 모르겠다고 말씀드릴게요.

동시통역사가 어떻게 생겨나게 되었는지 조사해봤는데 그 근원 역시 다양한 주장이 있더라고요. 가장 많이 알려진 주장은 뉘른베르크 재판 때라고 해요. 이는 제2차 세계대전 이후 나치 독일과 유대인 학살 전범을 다룬 국제 군사재판인데요. 당시 재판의 공식 언어로 영어, 프랑스어, 독일어, 러시아어가 사용되었기 때문에 동시통역이 이루어졌으며, 동시통역사가 전문 직업인으로 인식된 최초의 사례라고 하네요. 국내에서 동시통역사라는 직업이 널리 알려진 건 걸프전이 있었던 1991년이라고 해요. 당시 CNN 등에서 뉴스를 보도하면 긴박한 상황을 실시간으로 전달하기 위해 국내의 동시통역사들이 해당 뉴스를 동시통역했는데요. 많은 사람들이 관심을 가지고 지켜

봤던 상황이라 동시통역사에 대한 인지도가 급격히 올라갔다고 하네요.

여기까지는 동시통역에 관한 이야기고 순차통역은 또 달라요. 통번역대학원이나 관련 기관에서 통역의 역사를 이야기할 때 가장 흔히 나오는 이야긴데요. 아주 오래전에는 언어가 다른 부족들끼리 만났을 때 서로 말이 통하지 않았을 거 아니에요. 그때는 그들 중에서 눈치가 빠르고 말을 가장 잘 알아듣는 사람을 가운데에 놓고 이야기를 전했다고 해요. 그게 바로 순차통역의 역사라는 거죠. 그 견해에 정확한 근거가 있는 것은 아니라 그 사람을 통역사라 부르기는 어렵지만 당시의 시대적 상황을 유추해봤을 때 굉장히 오래전부터 다른 언어를 알아듣고 말했던 사람이 있었을 거라는 추측은 가능하겠죠.

동시통역사는 구체적으로 어떤 일을 하나요?

편 동시통역사는 구체적으로 어떤 일을 하나요?

이 동시통역을 예로 들어 설명해볼게요. 먼저 행사 전에 메일을 통해 자료를 전달받아요. 자료에는 장소와 날짜, 시간표, 행사 내용 등 관련 정보가 들어있죠. 보통 행사 시간이나 시간표 등은 미리 나오지만 프레젠테이션 자료는 전날에 나올 때도 있고 당일에 나올 때도 있어요. 요즘은 프레젠테이션 자료를 주지 않는 경우도 많고요.

자료를 받으면 파트너와 연락해 분량을 나누고 행사 전날까지 각자 맡은 부분을 공부해요. 프레젠테이션 자료 외에도 해당 산업에서 가장 이슈가 되고 있는 것은 무엇인가부터 시작해 방대하게 조사에 들어가요. 회의나 발표를 하다 보면 자료에 있는 내용만 다루는 것이 아니라 자연스럽게 최근에 이슈가 되었던 이야기가 나오기도 해서 관련 뉴스나 정보 등을 최대한 취합하는 거죠.

통역 당일이 되면 보통 행사 한 시간 전에 현장에 도착해 대기해요. 그동안 설비팀이 부스를 설치하고 마이크 테스트를 진행하죠. 그분들은 통역기를 착용하고 통역사 마이크에서 소

리가 잘 나가는지, 연사 마이크에서 하는 소리가 잘 들어오는
지 확인해요. 모든 준비가 완료되면 행사가 시작되고 본격적
으로 통역이 시작되죠.

편 어제도 해외에 갔다 오셨잖아요. 해외 행사는 주로 어떤
행사예요?

이 어제 다녀온 곳은 라오스 남부 지역의 팍세라는 도시에서
열린 행사예요. 2년 전에도 방문했었고 이번이 두 번째 방문
이었죠. 팍세 근처에 참파삭이라는 지역이 있는데 그곳에 왓
푸라는 유적지가 있어요. 유네스코 세계문화유산으로 지정된
곳이죠. 거기서 사원을 복원하는 작업을 하고 왓푸 지역의 관
광산업을 발전시키며 인프라를 구축하는 ODA*사업을 하고 있
는 나라가 몇 군데 있어요. 라오스 정부와 양자협정을 맺고 우
리나라의 한국문화재재단에서도 복원 사업을 진행 중이죠. 우
리나라뿐만 아니라 프랑스와 인도도 사업을 진행 중이라 얽혀
있는 나라가 라오스를 포함해 네 개 국가가 되는 건데요. 한

---

* 공적개발원조, 개발도상국의 경제발전, 사회발전, 복지증진 등을 주목적으로 하는 원조로
정부개발원조라고도 해요.

라오스 출장,
위스퍼링 장비로 하는 통역은
더 힘들어요

지역에서 동시에 진행되는 일이라 모두 연결되어 있지만, 각 나라는 라오스와 양자협정을 맺었기 때문에 해당 국가끼리만 소통이 되겠죠. 나머지 국가와는 진행 상황을 함께 공유하기가 어렵고요. 그래서 1년에 한 번이나 2년에 한 번씩 모여 회의를 진행해요. 네 개 국가 중 영어가 모국어인 나라는 없어요. 그렇기 때문에 영어가 완벽한 분은 없지만 회의는 영어로 진행되며 저희가 통역을 하고 있어요. 보통은 글로벌 기업 같은 경우 아태지역의 한 도시에 모여 행사를 하기도 하는데요. 해외 출장은 주로 그런 행사를 위해 가고 있어요.

편 해외 출장, 힘들지 않으세요?

이 아무래도 국내에서 진행되는 행사에 비해 많이 힘들죠. 해외 출장이라 하더라도 일정이 어떠냐에 따라서 또 다른데요. 이번 라오스 출장의 경우 하루 전날에 가서 이틀간 일하고 그 다음날 저녁 비행기로 돌아오는 일정이라 꽤 여유가 있었죠.

편 특별히 선호하는 통역 방법이나 분야가 있나요?

이 순차통역이나 동시통역이나 각각 어려운 점도 있고 재미있는 점도 있어요. 저에겐 두 가지 모두 매력이 있으니 특별히

싱가포르 출장,
일이 끝난 후
통역사들과 관광

싱가포르 출장,
조르지오 아르마니
위크숍 행사 시작 전

선호하는 건 없지만 동시통역만 내리 맡을 경우 좀 지치긴 해요. 두뇌를 쓰는 프로세스가 달라서 그렇겠죠. 두 가지 의뢰가 적당히 섞여 균형이 맞으면 재미도 있고 지치고 힘든 일도 없을 텐데 일이 제가 원하는 대로 들어오는 건 아니니 주어진 대로 열심히 하고 있어요.

그리고 분야를 보면, 개인적으로 화장품이나 패션에 관심이 많아서 그런 분야의 통역을 맡으면 재미있더라고요. 눈도 즐겁고요. 의학이나 약학, 신기술을 주제로 한 학회에서 통역을 하는 일도 종종 있는데요. 그럴 때 대다수의 사람들은 모르는 걸 내가 먼저 알게 된다는 것에서 뿌듯한 느낌이 들기도 해요. 새로운 사실이 신기하게 다가오기도 하고요. 그렇지만 신기술이나 신약은 조사를 해도 나오는 정보가 없잖아요. 그러니 준비과정이 너무 어렵고 통역하는 일도 힘들다는 애로사항이 있어요.

편 동시통역과 순차통역의 의뢰가 비슷하게 들어오나요?

이 저 같은 경우 요즘엔 동시통역 의뢰가 훨씬 많이 들어와요.

패션위크 행사의 일환으로 진행된 메이크업 클래스에서 순차통역

편 의뢰가 들어오는 걸 보면 트렌드도 알 수 있을 것 같아요. 요즘 들어 특별히 많이 들어오는 분야가 있나요?

이 요즘엔 블록체인이 거의 모든 산업에 접목이 되더라고요. 블록체인이란 가상화폐로 거래할 때 해킹을 막기 위한 기술인데요. 이를 우리 산업에 어떻게 활용할 것인가를 주제로 한 회의가 많이 열리고 있어요. 제가 가는 행사도 많지만 주변 사람들 얘기를 들어도 블록체인 관련 행사가 절대 다수를 차지하고 있어요.

편 직역과 의역 중 어떤 것을 좀 더 추구하는 편인가요?

이 상황과 맥락에 맞게 직역과 의역을 적절하게 사용해야 하지만 두 가지 중 한 가지를 꼽으라고 한다면 저는 의역이라고 말하겠어요. 모든 통역사가 저처럼 생각하는 것은 아니에요. 직역과 의역 중 어느 것은 옳고 어느 것은 그르다고 할 수 있는 것도 아니고요. 직역이 들은 말을 단어 하나하나의 의미에 충실하게 통역해주는 것이라면, 의역은 단어나 구절에 지나치게 얽매이지 않고 전체의 뜻을 살려 통역해주는 것을 말하는데요. 저는 제가 듣고 이해한 내용을 소화해서 듣는 사람이 최대한 편하게 들을 수 있게 전달해줘야 한다고 생각하기 때문에 의역을 더 선호하죠. 연사가 지금 정확히 이 단어를 썼고 이런 표현을 썼다는 것보다는 연사가 말하고자 하는 의도, 전하고자 하는 메시지를 전달해주는 게 가장 중요하다고 생각하니까요. 만약에 연사가 미국의 문화에 딱 맞는 속담이나 관용구를 썼다고 해봐요. 그 문장을 직역해서 한국 사람에게 말을 해주면 문화의 차이로 인해 이해가 어려울 수도 있거든요. 그런데 그것과 같은 뜻을 가진 속담이 우리나라에도 있다면 그 속담을 얘기해주는 거예요. 그럼 듣는 사람들이 훨씬 쉽게 이해할 수 있겠죠.

[편] 통역하면서 가장 신경 쓰는 부분은 무엇인가요?

[이] 대부분의 통역사들이 공감할만한 내용이라고 생각하는 게 있는데요. 콘퍼런스나 세미나에 가면 통역사를 제외한 모든 사람이 해당 산업 종사자이거나 전문가예요. 그렇기 때문에 이 산업에 대해서는 저희가 가장 아는 게 적고 배경 지식이나 용어도 잘 모르죠. 또 같은 단어라 하더라도 업계마다 다른 의미로 사용되기도 해요. 배경 지식 없이 통역을 하다가 이 업계에서는 쓰지 않는 표현을 사용했을 때의 반응을 생각하면 스트레스를 받을 정도예요. 그렇기 때문에 해당 산업 분야에서

주로 사용하는 표현 등을 숙지하고 가는 편이에요. 업체에서 주는 발표 자료 이외에도 관련 기사나 보고서를 찾아 공부도 하고요. 이때 유사한 내용을 담은 국문 기사와 영문 기사, 국문 보고서와 번역된 보고서를 모두 찾아서 비교하며 보죠. 그렇게 하다 보면 이런 표현은 어디에 대입할 수 있겠구나 하고 알게 되고, 업계에서 쓰는 표현도 최대한 수집하고 익힐 수 있어요. 그분들은 일상적으로 쓰는 표현인데 제가 뜬금없는 단어를 사용한다면 신뢰도에 큰 영향을 주기 때문에 그 부분에 신경을 쓰고 철저히 준비하는 편이에요.

🔲 통역이 마음에 들면 업체에서 다시 의뢰하기도 하나요?

🔲 그렇죠. 에이전시를 통해서 했던 일이면 저를 다시 보내 달라고 요청하세요. 개인적으로 직거래를 한 경우라면 직접 연락이 오고요. 이런 식으로 연결이 되어 꾸준히 의뢰가 오기도 하죠.

🔲 그런 경우는 정말 뿌듯하겠어요.

🔲 네. 좋죠. 함께 일했던 고객에게 다시 연락이 왔을 때가 가장 좋아하는 순간 중 하나예요.

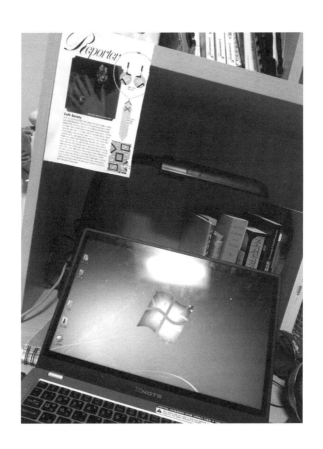

남녀비율은 어떻게 되나요?

편 통역사는 여자들이 더 많을 것 같은데 남녀비율은 어떻게 되나요?

이 맞아요. 생각하시는 대로 여자가 압도적으로 많은 분야예요. 통번역대학원에 진학하는 사람을 봐도 여자가 훨씬 많죠. 남자 통역사는 대부분 기업이나 기관에 소속되어 인하우스 통역사 생활을 하는 편이라 남자 프리랜서 통역사를 찾는 일은 정말 어려워요. 왜 그런지 이유를 생각해봤는데요. 먼저 고객들이 남자보다는 여자 통역사를 요구하는 경우가 많아요. 그런 요구 저변에 어떤 인식이 깔려있는지는 정확히 알 수 없지만 통역사를 전문직으로 보는 것이 아니라 도우미 정도로 여기며 그런 일에는 여자가 적합하다고 생각하는 것이라면 매우 불합리하다고 봐요. 다음으로 많은 수의 남자들이 프리랜서라는 형태에서 자유로움보다는 불안감을 더 느끼는 것 같아요. 특히 한국 사회의 가정에서는 남자들이 생계를 책임지는 비율이 높아 결혼을 하면 회사에 들어가 일하는 안정적인 생활을 원하더라고요. 그런 이유로 이 시장에는 여자가 훨씬 많다고 생각해요. 군과 관련된 통역 분야도 있는데요. 이 분야에서는 남자 또는 군필자를 선호하기 때문에 남자가 더 유리하겠지만 이런 경운 매우 드물고요. 하지만 IT 등 자신만의 주력 분야를 키우거나 본인의 실력을 인정받아 왕성하게 활동하는 남자 프리랜서 통역사분들도 분명 있어요. 개인적으로 그런 분들, 참 대단하다고 생각해요.

외국의 동시통역사와 다른 점이 있을까요?

편 외국의 동시통역사와 다른 점이 있을까요?

이 나라마다 환경이 달라서 정확히는 모르겠지만 가끔 규모가 큰 행사에서 해외 동시통역사들을 만나는데요. 그분들도 대부분 2인 1조로 함께 와서 통역을 하더라고요. SNS를 통해 교류하는 외국의 통역사들도 대부분 2인 1조로 비슷한 환경에서 근무하는 것 같고요. 직접 본적은 없지만 듣기로는 일본인 동시통역사들이 가끔 3인 1조로 진행한다고 해요. 어려운 분야나 긴 시간 동안 해야 하는 통역에는 3명을 투입한다고 하니 다른 곳보다 환경이 더 좋은가 하고 생각한 적은 있어요.

편 국내보다는 해외에서 더 좋은 대우를 받나요?

이 다른 나라에서 통역사들의 급여가 어떻게 형성되어 있는지는 잘 모르겠지만 그분들도 생활하는데 전혀 불편함이 없는 정도는 받지 않을까 생각해요.

동시통역사의 수요는 많은가요?

편 동시통역사의 수요는 많은가요?

이 프리랜서는 각자 개인의 역량에 따라 의뢰받는 일의 종류와 양이 다르겠죠. 의뢰를 얼마나 받느냐와 상관없이 일을 얼마나 많이 할 수 있는지도 개인마다 다르고요. 예를 들어 현재의 저는 연차에 비해 나이가 어린 편이고 미혼이죠. 의뢰받는 일이 다른 일과 겹치지만 않는다면 거의 다 맡을 수 있어요. 건강에 특별한 문제가 없고 달리 돌볼 사람도 없으니까요. 그렇지만 나이가 많아 체력이 저하되거나 어린 자녀가 있는 분은 저처럼 의뢰받는 모든 일을 하기는 어려울 거예요. 의뢰는 많은데 자신이 처한 상황에 따라 그 일을 다 못할 정도로 수요는 늘 꾸준해요. 영어는 UN에서 지정한 제1의 국제 공용어이며 대다수의 국제적인 행사에서는 거의 영어를 사용하니까요.

편 동시통역사로 활동하고 있는 분이 어느 정도인지 아세요?

이 전혀 알 수가 없어요. 우리나라에는 공식적인 협회라든가 저희를 대변하는 단체가 없거든요. 그래서 정확히 얼마나 많은 수의 통역사들이 일하고 있는지 집계하기는 어려워요.

AIIC라고 국제회의통역사협회가 있는데 우리나라 시장 상황
과는 전혀 상관이 없고 가입 조건이 까다로워서 우리나라 정
회원은 몇 명 안되는 거로 알고 있고요.

이 직업만의 매력과 장점은 무엇인가요?

📧 이 직업만의 매력과 장점은 무엇인가요?

🔲 일단 일이 없는 날은 평일 주말 할 것 없이 쉴 수 있어 좋아요. 특히 비수기에는 편안하고 여유롭게 쉴 수 있는 날들이 꽤 많죠. 주말에 맛집이나 핫하다는 카페에 가면 줄이 너무 길어 긴 시간을 대기해야 하잖아요. 그런 곳도 평일 낮에 가보면 한적해요. 긴 줄도 없고 제가 빨리 나오길 기다리는 사람도 없어 오롯이 음식과 차를 즐길 수 있죠. 그런 편안하고 여유 있는 시간을 가질 수 있으며 그런 순간들이 소소한 행복감을 안겨줘요.

업무 환경을 보면 출퇴근을 항상 같은 곳으로 할 필요가 없고 매번 보는 사람을 볼 필요가 없어요. 어떤 사람에게는 이런 점이 오히려 불안 요소로 작용할 순 있겠지만 저는 이런 점이 제 성격과 맞아 정말 좋더라고요. 행사 장소가 매번 다르니 새로운 곳을 찾아가는 일에서도 새로움과 신선함을 느낄 수 있죠. 반복되는 일상에서 오는 답답한 느낌이나 스트레스를 받은 일도 없고요. 주변의 얘기를 들어보면 직장 상사나 동료로 인해 괴로워하는 분들도 많던데 그런 걱정은 전혀 없죠.

그리고 이 일을 하다 보면 폭넓고 다양한 주제를 다루게 되는데요. 계속해서 새로운 정보를 접하면서 무언가를 배울 수 있다는 것이 큰 매력이죠. 게다가 공부를 하다 보면 뇌가 계속 깨어있다는 느낌이 들어 좋더라고요. 이 일을 꾸준히 하게 되면 계속해서 젊고 생기있게 살 수 있을 것 같아요. 마지막으로 저와 비슷한 또래의 직장인 친구들과 소득을 비교해봤을 때 제가 좀 높은 편이라 생활하는 데에 어려움이 없다는 장점도 있겠네요.

편 사람과의 관계에서 오는 스트레스는 없겠네요.

이 네. 아주 드물지만 이 좁은 시장에서도 파트너 때문에 힘들다는 분이 있다고 해요. 대부분은 파트너가 마음에 들지 않아도 하루만 보면 되니 그냥 참죠. 정말 안 맞는 사람이 있다면 그 사람과는 같이 배정되지 않도록 에이전시에 따로 부탁을 하기도 하고요. 저는 다행히 아직 그런 경험은 없어요.

다큐멘터리 제작을 위해 내한한
이탈리아 기자 수행통역

Job
Propose 22

이 직업의 단점에 대해 알려주세요.

편 이 직업의 단점에 대해 알려주세요.

이 장점을 뒤집어보면 그게 단점이 될 수도 있겠죠. 예를 들어 평일이나 주말할 것 없이 일이 없으면 쉴 수 있어 좋다는 말은 주말이라도 일이 있으면 출근을 해야 한다는 단점이 되기도 해요. 매번 그런 생각을 하는 것은 아니지만 가끔 공휴일에 행사가 있어 밖을 나섰는데 사람들이 놀러 가는 모습을 보면 괜히 한다고 했나 싶은 마음이 들기도 해요. 그리고 아침에 일어났는데 너무 아파서 병원에 가야 한다고 해봐요. 직장인이라면 병가를 낼 수 있잖아요. 그렇지만 저희는 행사에 가기로 정한 이상 그 약속을 깨기가 어려워요. 저희 일이 사전에 아무런 준비 없이 당일에 만나 통역만 하는 것이 아니라 며칠 전부터 행사와 관련된 내용을 숙지하고 필요한 자료를 찾아 공부를 해야 할 수 있는 일이라 갑자기 저를 대체할 인력이 없으니까요. 예전에 알레르기 때문에 눈이 잘 떠지지 않았는데도 어쩔 수 없이 일하러 나간 적이 있어요. 이처럼 갑작스런 몸 상태의 변화에 따라 유연하게 대처할 수 없다는 점이 단점이죠.

성수기와 비수기의 구분이 뚜렷하다는 것도 장점이자 단점이 될 수 있겠죠? 성수기에는 거의 매일 일을 하거든요. 어제 해외 출장을 다녀왔는데 오늘 저녁은 다시 지방 출장을 가야 하는 경우도 빈번하고요. 지난달과 이번 달만 해도 반은 집에서 자고, 반은 호텔에서 잤는데요. 호텔에서 잠을 자면 집에서 자는 것만큼 회복 속도가 빠르지 않아요. 그러니 일정이 빡빡하더라도 버틸 수 있도록 체력을 키우고 꾸준히 몸을 돌보는 일은 필수예요.

편 성수기랑 비수기가 언제예요?

이 성수기는 봄, 가을인데 그중에서도 가을이 가장 피크죠. 여름하고 겨울에는 아무래도 외국 사람들이 장기 휴가를 가는 경우가 많기 때문에 콘퍼런스가 잘 열리지 않아요. 날씨가 너무 덥거나 추우니 방문을 꺼리기도 하고요. 기온이 온화한 봄과 가을에 일이 가장 많고, 여름에는 가끔 있다가 겨울에는 거의 없어요.

편 일정이 취소되는 경우도 있어요?

이 저와 한 번도 일한 적이 없는 고객이 에이전시를 통해 제 이력서를 검토하고 있다고 가정해봐요. 저에게 일을 맡길지 맡기지 않을지 최종 결정을 내리기 전을 가예약 단계라고 하는데요. 가예약을 한 건 잡아 놓았는데 같은 날짜에 다른 업체에서 의뢰가 들어와요. 그런 경우 솔직하게 사정을 설명하고 최종 결정이 어떻게 났는지 확인해달라고 요청하죠. 저에게 맡기로 최종 결정이 났다면 나중에 의뢰한 쪽에 죄송하지만 다른 일정과 겹쳐서 안된다고 얘기를 해요. 가예약 상태인 경우 솔직히 말해줘야 하죠. 어차피 다 알게 되거든요. 곤란한 상황에 닥치지 않으려면 양쪽에 터놓고 얘기를 하는 게 중요해요. 고객이나 에이전시와 일정을 무리 없이 조율하는 것도

필요한 능력이에요.

편 일정이 꼬이는 일은 있어도 완전히 취소되는 경우는 거의 없네요?

이 네. 그런 경우는 거의 없고요. 만약 최종 확인을 내려놓고 행사가 일주일도 안 남았는데 취소하는 경우 보상비가 발생하죠.

미래에도 동시통역사는 필요한 직업인가요?
전망은 어떻게 보세요?

편 미래에도 동시통역사는 필요한 직업인가요? 전망은 어떻게 보세요?

이 요즘 제가 가장 많이 받는 질문 중 하나가 바로 이 질문이에요. 제가 보기에도 요즘 출시된 번역기의 성능이 놀랍더라고요. 이 분야의 발전 속도가 굉장히 빠른 것 같아요. 그렇지만 인공지능이 동시통역을 할 수 있기까지는 아직 한참 멀었다고 생각해요. 동시통역은 문장을 단순히 통역하는데 그치지 않죠. 말 속의 맥락을 읽어내야 하는데요. 그게 굉장히 복합적인 활동이라 쉽지는 않아 보여요.

구체적으로 얘기해보자면, 일상적인 표현 같은 경우는 빅데이터의 힘으로 정말 잘 하더라고요. 그런데 회의를 진행하다 보면 일상적인 이야기만 나누는 것이 아니라 현장에 있는 사람들만 이해할 수 있는 말들이 나오게 마련인데요. 그걸 인공지능이 과연 적절하게 반영해 번역할 수 있을까요? 현장에서 실시간으로 만들어지는 맥락이란 것, 그 데이터를 인공지능이 순간순간 수집하고 분석해 추출하는 대응력이 얼마나 될

지는 의문이에요.

만약 지난번 회의 또는 회의 초반에 재미있는 사건이 있었다고 가정해봐요. 연사가 그 사건을 상기시키는 유머러스한 한마디를 했을 때 디지털 환경에서 발생하지 않은 것들에 대한 정보가 없다면 인공지능은 과연 그 상황을 어떻게 이해하고 어떤 식으로 전달할지 생각해보세요. 그런 부분까지 수집해 데이터 마이닝*하기까지는 더 진보된 기술이 필요할 테고 그건 더 먼 미래에나 가능하지 않을까 싶어요.

물론 쉬운 것부터 대체가 될 것은 자명해 보여요. 예를 들어 회사 내에서 외국 고객이나 해외에 있는 본사의 직원과 간단한 비즈니스 미팅을 하는 경우는 인공지능이 양자 간의 소통을 원활하게 도와줄 수 있어요. 그런 통역의 경우 동시통역도 아니고 순차통역으로도 진행이 가능한 부분이라 이미 상당 부분 대체가 됐죠. 이건 영어를 잘하는 직원도 할 수 있는 부분이니까요. 제가 얘기하고 싶은 건 지금 시장에서 통역사들이 하고 있는 일은 그런 수준의 것들은 아니라는 거죠. 기술적

---

* Data mining, 많은 데이터 가운데 숨겨져 있는 유용한 상관관계를 발견하여, 미래에 실행 가능한 정보를 추출해내고 의사 결정이 이용하는 과정

이고 학술적인 내용, 영어를 좀 한다고 해도 바로 통역이 가능하지 않은 어렵고 전문적인 내용을 주로 다루고 있으니까요.

좀 순진한 발상일 순 있는데 기술의 발달로 성능이 좋은 번역기가 출시되고 있지만 기계보다는 인간을 선호하는 고객은 남아있을 거라는 생각도 들고요. 전자책이라는 게 되게 가볍고 편리하잖아요. 처음 전자책이 출시되었을 때 앞으로는 종이책을 대체할 것이라는 전망이 나오기도 했지만 지금 출판 시장을 보면 전혀 그렇지 않거든요. 저 역시 가끔 전자책을 보긴 하지만 종이책을 더 자주 보고 아끼는 마음도 더 크죠. 마찬가지로 인공지능보다는 사람이 와서 우리 인간의 목소리로 언어를 전달해주는 걸 더 편안해하고 좋아하는 사람도 있을 거라 생각해요.

편 그럼 인공지능에 대처해서 뭘 준비해야 할까요?

이 사람만이 할 수 있는 역할의 장점을 극대화하는데 주력해야겠죠. 결국에는 감성적인 부분이 중요하다는 얘기인데요. 몇몇이 모여 대화를 하는데 누군가 재미있는 이야기를 했고 나머지 사람들은 즐거워하며 그 이야기에 공감했어요. 그 이야기를 외국인에게 전달해야 하는데 인공지능이라면 화자의 어감이나 기분까지 잘 살려서 전달하기는 힘들겠죠. 인공지능도 나중에는 인간의 다양한 목소리를 구현하겠지만 그것과 상관없이 화자의 감정을 실어 말하는 날이 금방 올까요? 그런 점을 염두에 두고 로봇과 차별되는 우리의 강점에 더욱 집중할 필요가 있어요.

동시통역사의
세계

동시통역사가 일하는 곳은 어디인가요?

㉠ 동시통역사가 일하는 곳은 어디인가요?

㉡ 저희들은 동시통역이 필요한 곳이면 어디든 갈 수 있어요. 그곳이 바로 저희가 일하는 곳이죠. 보통 호텔 회의실이 가장 흔한 업무 환경 중 하나이고요. 기업이나 기관 내 회의실에 부스를 설치해서 일하기도 하죠. 회사 내에 따로 붙박이 부스나 동시통역실이 설치되어 있는 다국적 기업이나 선진 기업도 있어요. 야외에서 행사가 진행되는 경우도 있는데요. 그런 행사에서는 야외에 부스를 설치하죠. 올여름 굉장히 더웠던 어느 날 여수에서 야외 행사의 통역을 맡았는데 너무 더워 온 몸이 땀으로 범벅이 됐던 기억이 나네요.

㉠ 그런 고충도 있군요. 겉으로 보기엔 화려한 직업처럼 보여요.

㉡ 미디어에서 동시통역사를 다룰 때 화려한 면을 부각시키기 때문에 대중들이 그렇게 생각하는 것 같아요. 실상 저희끼리는 농담 삼아 극한 직업이라고 부르는데 말이에요. 저희와 대중들의 온도차가 좀 심하죠? 통역사는 회의장에 들어가기

통역 부스

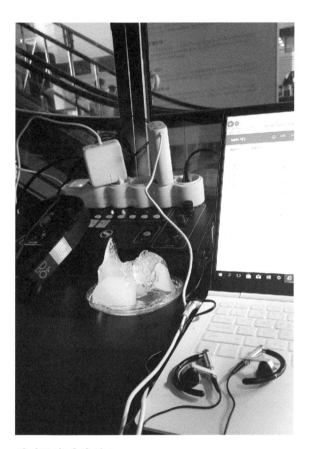

한여름의 야외 부스,
에이전시 실장님이 넣어주신 얼음

전까지 낯선 산업에 대해 다방면으로 조사하며 공부하고, 두뇌를 풀가동해 통역에 집중해요. 일에 대한 평가도 바로바로 이어지죠. 일반 회사원과 달리 매번 내부자들의 평가를 받는 대서 오는 스트레스도 만만치 않아요. 이면을 들여다보면 잔혹한 세계처럼 느껴지기도 하는데요. 아무래도 일할 때 잘 꾸미고 다니고, 유명 인사들을 많이 만나기 때문에 화려한 이미지를 갖는 것 같아요.

사실 지위가 높은 사람이나 유명한 사람들을 볼 기회가 많은 편이죠. 남들이 쉽게 가지 못하는 곳에 가서 구경도 하고요. 전에 한 장관이 유명한 미술관 전체를 대관해 해외 각 부처의 장관들을 초청해 만찬을 한 적이 있었어요. 제가 당시 통역을 맡았는데요. 그런 경험은 통역사가 아니었다면 쉽게 할 수 없는 경험이겠죠. 미술관 전체를 대관하는 것도 놀라웠고, 장관들과 같은 음식을 먹는 것도 색다른 일이었어요. 패션 위크 때 모델들이 가득 찬 백스테이지에 가서 통역을 한 일도 있는데 그런 경험 역시 일반적이진 않죠.

여기서 제가 원칙으로 삼는 것 중 하나를 얘기하고 싶어요. 전 제가 하는 일로 인해 얻는 것들과 나 자신의 본질을 동일시하지 않기 위해 노력해요. 내가 고위 관료를 만난다고 나

줄리아 길라드 전 호주 총리와 수행단 통역

역시 고위급이라고 착각하면 안된다고 되뇌죠. 그들과 함께 좋은 음식을 먹지만 그게 나를 위한 음식은 아니거든요. 내가 행사의 주인공은 아닌 거죠. 내가 그렇게 착각하는 순간 제 태도에 그런 마음이 드러날 거라 생각해요. 그게 사람들 눈에 좋게 보일 리 없겠죠. 제 직업에 대해 자부심을 가지고 일하는 것은 당연히 중요하고 통역사의 권리를 주장하는 것 역시 반드시 필요한 부분이지만, VIP를 통역한다고 해서 내가 VIP는 아니라는 것을 매번 자각하려고 해요. 그들과 나를 동일시하는 순간 그동안 쌓아올린 성과와 저에 대한 평가는 바로 무너질 거란 생각이 들거든요.

편 그런 마음가짐이 쉽진 않을 것 같아요.

이 그렇죠. 특히 회사 다니는 친구들은 저와 같은 경험을 할 기회가 별로 없으니까 초년차 때는 철없이 나 이런 데 간다고 자랑도 하고 그랬는데요. 화려한 느낌에 도취되어 붕 떴던 기분도 어느 순간 다 공허하게 느껴지더라고요. 다행히도 저는 빨리 깨닫고 현실에서의 제 위치를 받아들였죠. 나는 여기에 다른 스텝처럼 일을 하러 온 거지 내가 VIP와 동급은 아니며, 여기는 나를 위해 준비된 자리가 아니라고요.

편 평가를 받는다고 했는데 일이 끝나면 에이전시로부터 매번 평가를 듣는 건가요?

이 에이전시에서는 운영 관리와 통역의 질 유지를 위해 고객들의 평가를 들어볼 수밖에 없겠죠. 고객 쪽에서 먼저 좋았는지 별로였는지 말하기도 하고요. 특히 불만족스러웠던 경우는 에이전시에 피드백을 하는 게 일반적이죠. 에이전시에서는 그런 내용을 저희에게 전달해요. 평소와 다를 바 없이 잘했다고 생각해도 듣는 사람에 따라서는 별로라고 생각할 수도 있잖아요. 객관적일 수 없다는 게 맹점이라고 생각하긴 하지만 어쩔 수 없죠. 어쨌든 평가를 받을 때마다 일희일비하지는 않으려고 해요. 그렇게 되면 스트레스 때문에 프리랜서 생활을 오래 못할 것 같거든요.

동시통역사의 일과는 어떻게 되나요?

편 동시통역사의 일과는 어떻게 되나요?

이 행사라는 게 주제부터 시간까지 천차만별이라 오전에만 하고 끝나는 것도 있고, 오후에 시작해 밤늦게까지 여유롭게 진행되는 것도 있어요. 조찬 행사라고 해서 오전 7시쯤 시작해 아침식사를 하면서 한 시간 정도 진행되는 회의도 있죠. 하루 종일 진행하는 행사도 있고요. 행사 시간은 다 다르지만 한 시간 전쯤 도착해서 음향을 테스트하고 통역을 한 후 집에 가는 게 저희의 일과예요. 하지만 앞서 얘기했듯이 통역사는 행사 당일에만 일하는 것은 아니에요. 프레젠테이션 자료를 살펴보고 관련 내용을 찾아보기 위해 행사 전에도 공부를 해야 하니까요. 그런 날은 거의 대부분의 시간을 자료 조사와 공부에 할애해요.

Job
Propose 22

시간이 날 때는 어떤 일을 하나요?

편 시간이 날 때는 어떤 일을 하나요?

이 저처럼 프리랜서를 하는 친한 동기가 한 명 있는데요. 그 친구는 일이 없는 날에도 무조건 아침 7시에 일어나 카페에 가요. 독서를 하기도 하고, 잔업을 처리하기도 하고, 공부를 하기도 하면서 하루를 보내죠. 그런 식으로 규칙적으로 생활하는 사람도 있지만 저는 성격이 좀 느긋하고 사람 만나는 걸 좋아해서 일이 없을 때는 주로 노는 편이에요. 늦잠도 좀 자고요.

그래도 게을리하지 않는 게 있는데요. 바로 독서와 영어 콘텐츠 접하기죠. 제 일의 특성상 어떤 분야의 일이 기다리고 있을지 모르니 평상시에 다양한 분야의 책을 한 번에 여러 권씩 읽고 있어요. 그런 이유로 책을 고를 때는 절대 편식하지 않죠. 문학과 비문학을 가리지 않으며 그다지 흥미롭지 않은 분야의 서적도 일에 도움이 될 것 같다 싶으면 읽어요. 심지어 이해가 가지 않거나 어려워도 끝까지 읽죠. 시간을 낭비하는 것처럼 보일지도 모르지만 그렇지 않아요. 거기서 한두 단어만 건져도 나중에 일할 때 큰 힘이 된다는 것을 경험을 통해 알게 되었거든요. 영어 콘텐츠 접하기로 요즘 많이 하는 것은

내 방, 작업 공간

미국 드라마 시청이에요. 여러분들도 많이 보시나요? 저는 영어 듣기의 감을 유지하기 위해 짧게라도 매일 보고 있어요. 늦게 들어와서 피곤한 날이라도 꼭 보는 편이죠.

편 직업병 아니에요?

이 아무래도 외국에 살면서 영어를 자연스럽게 체득한 것이 아니고 공부를 해서 얻은 것이라 손을 놓으면 사라질까 두려워요. 뭐든 쓰지 않으면 녹슬고 퇴화하게 마련이잖아요. 한번 감이 떨어지면 회복이 쉽지 않을 것 같아 짧게라도 시간을 내 매일매일 영어 콘텐츠를 접하고 있어요.

편 통역사 중에 외국에서 살다 온 사람이 많나요?

이 그렇죠. 대다수는 아니지만 살다 온 분들이 확실히 많긴 해요. 통번역대학원에 다닐 때도 외국에서 살다 온 분들이 많았어요. 오랜 기간 체류하진 않더라도 외국에서 단기간 교육을 받은 분도 많았고요.

동시통역사 생활을 하면서
가장 기억에 남는 순간은 언제였나요?

편 동시통역사 생활을 하면서 가장 기억에 남는 순간은 언제
였나요?

이 처음 동시통역을 했던 때죠. 평화롭고 조용한 장내에 사
회자가 행사의 시작을 알리는 멘트를 했어요. 그리고 행사가
시작되었는데 연극 무대에 스포트라이트가 켜지는 것 같은 기
분이 들더라고요. 처음이라 굉장히 긴장되고 떨렸지만 한편으
론 설레었던 그 순간이 아직도 기억에 많이 남아요.

편 기억에 남는 프로젝트가 있을까요?

이 주로 고생했던 일들이 많이 떠오르긴 하는데 그중에서도
가장 기억에 남는 프로젝트는 지금도 매주 하고 있는 〈외계통
신〉이라는 방송 프로그램이에요. tvN에서 하는 시사교양 프
로그램인데요. 한국 사회의 다양한 이슈를 제3자인 다국적 외
신들의 시점으로 풀어보는 외신 버라이어티예요. 각자의 나라
에서는 이와 비슷한 이슈를 어떤 식으로 다루었는지 소개하기
도 하고, 한국 사회의 대처 방식에 대해 그들의 생각을 들어보

며 참신한 시각을 제시하기기도 하죠. 외국인 기자라 하더라도 한국어에 능통해서 한국어로 말하는 분이 있는가 하면 영어로 말하는 분들도 꽤 있어서 매주 동시통역이 들어가요. 작가분이 그러는데 가끔 외국인 패널이 나오면 그때마다 동시통역사를 고용하는 단발성 프로그램은 많았지만, 이 프로그램처럼 매주 고정적으로 동시통역을 요하는 방송은 드물다고 해요. 그런 프로그램의 통역을 맡아 지금까지 쭉 해올 수 있어

2012년 가을, 첫 통역

〈외계통신〉 녹화 현장

영광이라고 생각해요.

🔲 프로그램은 얼마나 진행하신 거예요?

🔲 올해 4월쯤 파일럿 프로그램*으로 시작해 시즌 1을 끝냈고 현재는 시즌 2를 진행하고 있어요. 통역사 3명이 함께 통역을 맡고 있고요. 방속 녹화의 경우 부스가 설치되어 있는 콘퍼런스 행사장과는 환경이 매우 달라요. 더 힘들고 정신없지만 오랜 시간을 해오다 보니 같이 일하는 분들과 정도 많이 들었고 프로그램에 대한 애착도 커졌네요.

🔲 기존과는 다른 포맷에서 하는 작업이라 새롭고 재미겠네요.

🔲 그렇죠. 포맷도 다르지만 매주 새로운 이슈를 다루니까요. 콘퍼런스에서도 발표를 끝내고 Q&A 세션을 진행하는데요. 발표의 경우 한 사람이 계속해서 30분가량을 말하기 때문에 웬만하면 따라갈 수 있어요. 그런데 Q&A 세션의 경우 어떤 질문과 어떤 답변이 나올지 모르니 따라가기가 쉽지 않죠.

---

* 정식으로 발표되기 전에 새로운 아이디어를 갖고 제작된 시험용 프로그램이나 에피소드를 말해요.

〈외계통신〉 녹화 현장, 부스 없이 위스퍼링 장비로 진행해요

연사들이 발표를 끝내고 다시 모여 패널토론을 하기도 하는데요. 그럴 때면 다들 말하는 속도가 빨라져 이때도 따라가기가 힘들고요. 그런데 〈외계통신〉은 모든 게 토론으로 이루어져요. 당연히 진행하는 동안은 정신이 하나도 없죠. 갑자기 뚱딴지같은 소리를 할 때도 많아 힘들고 어렵지만 역동성이 느껴져서 활기를 얻기도 해요. 거기다 순발력을 키울 수 있는 좋은 기회라고 생각해 최선을 다하고 있어요.

일을 잘 수행하기 위해
따로 노력하고 있는 것이 있나요?

편 일을 잘 수행하기 위해 따로 노력하고 있는 것이 있나요?

이 앞서 얘기했듯이 여러 분야의 책을 읽으며 다양한 콘텐츠를 접하고 있어요. 어떤 일을 맡을지 모르니 미리 배경 지식을 틈틈이 쌓아 놓는 거죠. 하루 날을 잡고 영어공부를 하는 날도 있어요. "영어를 잘하는데 왜 영어공부를 해요?"라고 물어보는 분들이 있는데요. 우리나라 말 중에도 모르는 표현들이 있잖아요. 영어도 그렇죠. 또 공부를 하다 보면 알고 있었던 것보다 더 좋은 표현이나 단어가 나오는데 그런 걸 익힐 수도 있으니까요. 새로운 산업에서 새로운 용어가 생겨나기도 하고요.

그런 여러 가지 이유로 영어를 써보고 외우면서 공부하고 있어요. 영자신문 등을 보다가 마음에 드는 기사나 글을 발견하면 통으로 암기하거나 필사를 해요. 필사는 전치사를 사용하는 데 있어서 자연스럽게 쓸 수 있는 표현을 공부하기 좋거든요. 영자신문을 보면 고민 상담 코너가 있는데요. 일상적인 내용이 많고 구어체로 쓰여 있어 활용도가 높아요. 거기서도 쓸 일이 많을 것 같은 표현은 통으로 암기하죠. 영어 듣기도 매일 하는데요. 비수기라면 더 많은 시간을 영어 듣기에 할 애해요. 일이 없으니 영어로 말을 하는 기회가 적은 만큼 공부 의 양을 늘려 꾸준히 영어에 노출되도록 하는 거죠.

편 한 번 암기하면 계속 기억에 남나요?

이 네. 이 일을 하다 보니 영어공부를 어떻게 하면 좋을까 묻 는 사람이 많은데요. 나이가 어릴 때 영어권 환경에 노출이 돼 서 자연스럽게 체득한 사람이 아니라면 암기가 답이라고 할 수 있어요. 그렇게 대답을 하면 95%가 암기는 자기와 맞지 않 으니 다른 공부 방법을 소개해달라고 하죠. 먼저 내가 영어를 공부하는 목적을 한번 생각해보세요. 영문을 읽고 이해하는 것이 목적이라면 그냥 눈으로 열 번 스무 번 보면 돼요. 그게 아니라 어떤 말을 해야 하는 상황에 놓였을 때 그 말이 내 입 에서 자연스럽게 나오길 바란다면 암기밖에는 답이 없죠.

편 메모도 많이 하세요?

이 네. 많이 하죠. 그런데 저는 메모한 걸 오랫동안 보관해 놓지는 않아요. 저는 뭔가 쌓이면 스트레스를 받거든요. 필요 한 표현이 있으면 노트 패드에 정리해놓고 날을 잡아 두 번씩

써 본다든지 열 번씩 말해보면서 외워요. 외운 후에는 메모를 버리는데, 버리지 않고 두면 제대로 보지 않기 때문이에요. 다시는 볼 기회가 없다고 생각해야 절박하게 암기를 할 수 있죠.

편 암기가 정말 중요해 보여요. 암기력 훈련은 어떻게 했나요?

이 일의 특성상 내가 익숙한 분야든 아니든 빠른 시간 안에 정보를 습득할 수 있어야 해요. 대학원에서도 그런 훈련을 시켰어요. 일주일에 한 번씩 수업을 하는데 하나의 주제를 가지고 보통 사람들이 피상적으로 알고 있는 정도를 넘어 굉장히 심도 있게 배웠죠. 그때 공부했던 첫 번째 주제가 에이즈였어요. 저는 그전까지 에이즈에 대해 충분히 알고 있다고 생각했거든요. 그런데 아니더라고요. 세포부터 시작해서 백신까지 굉장히 세부적인 부분까지 배웠죠. 다음 주제는 북한 핵문제였는데 이 주제 역시 너무 쉽다고 생각하고 갔는데 마찬가지로 매우 구체적으로 다루다 보니 쉽지가 않더라고요. 북한 미사일에 핵탄두를 어디다 장착하는지 그 위치부터 시작해 중수로와 경수로, 물 분자까지 다 공부했거든요. 관련돼서 나올 수 있는 숙어까지 모조리 외워 시험을 봤고요. 그리고 『통역번역

기초사전』이란 책을 공부한 후 시험을 봤는데요. 사전에 별의별 표현이 다 있는데 예문까지 다 시험 범위에 들어갔죠. 그런 시험을 통해 빠르게 정보를 습득해서 바로 써먹을 수 있도록 하는 고강도 훈련을 받았어요.

지금까지 맡았던 통역 중
어떤 주제가 가장 어려웠나요?

편 지금까지 맡았던 통역 중 어떤 주제가 가장 어려웠나요?

이 전에 장례문화 심포지엄의 통역을 맡은 적이 있었어요. 각국의 다양한 장례법을 종류별로 심도 있게 소개한 후 후반에는 철학적이고 영적인 내용까지 다뤘죠. 굉장히 독특한 행사였어요. 죽음이 끝이 아니라고 설파하는 사후세계와 관련된 자료나 유체이탈 같은 사례를 밤에 혼자 공부하다 보니 오싹하더라고요. 이런 주제는 다뤄본 적이 없어 생소하기도 했고 어려워서 고생했던 기억이 나네요.

편 어려운 주제가 왔을 때 극복할 수 있는 노하우가 있을까요?

이 결국에는 공부밖에 없어요. 프레젠테이션 자료는 물론 해당 산업 전반에 대해서 알 수 있는 한 최대한 많이 알아 가는 게 중요해요. 어떤 이야기를 해도 어느 정도는 대응을 할 수 있도록 준비하는 거죠. 그러기 위해선 기사를 찾아 읽어보는 것이 좋은 방법이에요. 해당 산업의 최신 기사를 보면 근래에 가장 화제가 되는 것이 무엇인지 체크할 수 있죠. 시간이 허락하면 좀 더 학술적인 보고서 등을 공부해 가고요. 그런데 중요한 것이 하나 있어요. 내일 있을 회의 주제에 대해 공부를 했는데 너무 어렵다면 밤을 새워 공부하는 것보다 오히려 푹 자는 게 좋다는 거예요. 공부는 그전에 미리 최대한 해놓고 전날 밤은 컨디션 조절에 더 신경을 써야 하죠. 어려운 주제일수록 두뇌 사용량이 많아지기 때문에 잠을 푹 자고 체력도 좋아야 당일에 대응력이 높아지거든요.

편 다방면의 공부를 많이 해야 할 것 같아요.

이 네. 그래서 책을 읽거나 영상 등을 볼 때에는 편식 없이 다양한 콘텐츠를 접하려고 해요. 프리랜서 통역사한테는 남의 일이라는 게 없거든요. 저런 걸 왜 하나 싶었던 것도 갑자기 의뢰가 들어오면 해야 하는 경우가 있죠. 언젠가 제가 살고 있는 지역도 아니고 타 도시의 수변경관 콘퍼런스를 진행한 적이 있었어요. 강가의 조경을 어떻게 할 것인가 논하는 자리였는데 그전까지 전혀 관심이 없는 분야였지만 일로 만나게 되었으니 공부를 해야 했죠. 마찬가지로 매일 길을 걸으면서도 도로에는 특별히 주의를 기울인 적이 없었는데 보도블록 심포지엄 행사를 맡게 되면서 각국의 보도블록 규격이나 디자인을 공부하기도 했고요.

동시통역사이기 때문에 겪는 애로 사항이 있나요?

[편] 동시통역사이기 때문에 겪는 애로 사항이 있나요?

[이] 계속 얘기했지만 저희는 행사 전에 해당 산업에 대한 공부를 미리 해 가요. 공부에서 가장 중요한 것은 업체에서 주는 프레젠테이션 자료인데요. 자료 요청을 거부하는 곳이 있어요. 고객 중에는 우리를 인간이 아니라 마치 AI와 비슷한 기계처럼 생각하는 분들이 있는데, 그분들은 귀로 들어오는 정보는 무조건 입으로 바로 나오는 줄 알아요. 와서 들은 대로 통역만 하면 되지 왜 미리 자료를 봐야 하냐고 주지 않는 거죠. 기밀문서나 신기술일 경우에도 저희와 자료를 공유할 수 없다고 하는데, 그 마음은 이해가 가지만 자료를 주지 않으면 통역 커버리지를 보장해주기 어렵다고 얘기해요. 저희 입장에서는 최선의 통역을 위해 부탁하는 건데 들어주지 않으니 이 점은 정말 아쉬워요.

[편] 끝까지 자료를 안 주는 경우도 있나요?

[이] 있어요. 그럴 경우 확실히 커버리지가 떨어지기 때문에 10분 전이라도 좋으니 꼭 자료를 미리 달라고 얘기하죠.

편 통역을 하다가 어려운 말이 나오면 어떻게 넘어가세요?

이 어려운 말이 나와도 핵심 단어가 아닌 이상 의미를 파악하는 데는 문제가 없는 경우가 대부분이에요. 통역은 내가 이해하는 의미를 전달하면 충분하기 때문에 대부분은 그렇게 넘어갈 수 있죠. 그런데 만약 지금 연사가 한 말이 핵심 아이디어인데 그걸 잘 알아듣지 못했거나, 단위가 너무 큰 숫자가 나왔는데 중요한 숫자라 정확하게 말해줘야 하는 경우라면 파트너가 써주기도 해요. 파트너가 써주지 않는다면 수신호를 보내 도와달라는 요청을 하기도 하고요. 정말 급한 경우 마이크를 잠깐 끄고 방금 뭐라고 했는지 물어보기도 해요.

편 파트너는 바로 옆에 앉아 있나요?

이 네. 함께 부스에 있기 때문에 곤란한 상황이 발생하면 상부상조하는 경우가 많아요.

일을 하면서 받는 스트레스는 어떻게 해소하나요?

편 집중해서 일하다 보면 스트레스도 많이 받을 것 같아요.

이 네. 스트레스 때문인지 일이 끝나고 나면 뒷골이 당기는 날이 많죠.

편 일을 하면서 받는 스트레스는 어떻게 해소하나요?

이 저는 하룻밤 자고 나면 어제의 안 좋았던 기분 같은 건 거의 다 잊어버리는 성격이에요. 그래서 프리랜서에 적합한 성격이라는 말을 많이 듣죠. 통역사들은 보통 가장 뒤에서 일하는 데다 조명으로 인해 청중들은 부스 안을 잘 볼 수 없어요. 그런 구조 덕에 파트너가 통역을 하고 있으면 저는 그동안 단 걸 먹으며 빠르게 당을 보충하죠. 단 걸 좋아해서 그런지 확실히 금방 기분이 좋아져요. 회의 중간 쉬는 시간에는 저희도 마이크를 꺼놓고 쉬는데요. 그동안 파트너와 힘들었던 일도 이야기하고 저희 업계 소식이나 주변 사람들 안부도 물어요. 그렇게 수다를 떨다 보면 스트레스가 풀리죠. 또 일이 없는 날은 최대한 푹 쉬려고 해요. 잠도 많이 자고 맛있는 것도 먹으면서요. 평소에 부족했던 운동을 하기도 하고요. 그리고 속물처럼

쉬는 시간,
잠깐의 휴식

내 차례가 아닐 때, 간식으로 당분 보충

들릴 순 있겠지만 스마트폰에 입금 알림창이 뜨면 웬만한 스트레스는 훅 날아가 버려요.^^

동시통역사로서 성취감을 느끼는 순간이 있나요?

편 동시통역사로서 성취감을 느끼는 순간이 있나요?

이 행사가 끝나고 난 뒤 정말 잘했다고 칭찬해주시는 고객들이 계세요. 그런 분들 덕에 오늘도 잘 해냈구나 하는 뿌듯한 마음이 들죠. 구체적으로 소개하자면, 언젠가 장애인 의료보조기기를 소개하는 자리에 가게 됐어요. 한 교수님이 연구차 방문한 외국에서 교통사고를 당하는 바람에 목 밑으로 마비가 되셨죠. 저는 상상도 할 수 없는 힘든 상황이었을 텐데 좌절하지 않고 본인처럼 목 밑으로 마비가 온 사람들이 스마트폰을 사용할 수 있도록 장치를 개발하셨어요. 그 장치를 소개하는 자리였는데 도착해보니 부스가 없는 거예요. 부스는 좁고 더워서 불편하기도 하지만 저희에게는 보호막 같은 존재거든요. 어떻게 된 건지 물으니 그날 청중 대부분이 휠체어를 타고 들어오는 자리라 부스를 설치하게 되면 동선이 나오질 않는다는 거예요. 부스가 없어 허전하고 불안하긴 했지만 그런 상황에서 부스가 꼭 필요하다고 할 수는 없었죠. 그리고 테이블에 앉아 통역을 했어요. 교수님께서 직접 본인이 개발한 장치로 스마트폰을 사용해 보이셨는데 그 모습을 지켜보는 청중들의 얼

굴이 아직도 잊히지 않아요. 희망에 찬 얼굴을 보며 내가 작은 보탬이 되었다고 생각하니 이 일을 하길 정말 잘했다는 생각이 들었죠. 보통 의료장비를 소개하는 콘퍼런스나 희귀병 치료제 개발 관련 행사에 가면 그런 마음이 많이 들어요. 보이지 않는 곳에서 몸이 아프고 불편한 사람들의 더 나은 삶을 위해 애쓴 결과물을 보면 숙연해지는데요. 그런 귀중한 성과를 소개하는 자리에 함께 하며 나도 도움이 됐다는 사실에 성취감과 함께 이 일을 할 수 있어 감사하다는 생각이 들죠.

편 기업에서 요청하는 행사에 갔다가 인연이 되어 개인적으로 의뢰하는 경우도 있나요?

이 기술 관련 회의에서 순차통역을 한 적이 있었는데요. 인도에서 오신 기술자분이 발표를 했고 제가 통역을 했죠. 사실 저는 인도 영어가 잘 안 들려서 좀 두렵기도 했거든요. 그런데 그날따라 통역이 굉장히 잘 되는 거예요. 스스로 생각해도 잘한다 싶어 자신감이 붙었고 끝까지 잘 마무리할 수 있었죠. 나중에 알고 보니 그 자리에 IBM 관계자분들이 계셨던 거예요. 행사가 끝나고 그분들이 오시더니 제 명함을 받아 가시더라고요. 그렇게 인연이 돼서 지금까지 그분들과 함께 일하고 있어요.

동시통역사가
되는 방법

동시통역사가 되기 위한
일반적인 방법을 알려주세요.

편 동시통역사가 되기 위한 일반적인 방법을 알려주세요.

이 통번역대학원에 진학해서 졸업을 하고 학위를 취득하면 동시통역사가 될 수 있어요. 역사가 가장 오래된 한국외국어대학교와 제가 다녔던 서울외국어대학원대학교를 비롯해 이화여자대학교, 중앙대학교, 한동대학교 등에 통번역대학원이 있는데요. 학교마다 입시요강이 다르니 자신이 원하는 곳의 조건에 맞춰 입시 준비를 해야겠죠.

한국외국어대학교 통번역대학원의 경우 석사와 박사과정 모두 1년에 1회 신입생을 선발하며 석사과정은 9월에서 10월경에, 박사과정은 5월에서 6월경에 모집이 이루어져요. 1차에서는 연구 언어(외국어)와 한국어의 논술로 이루어진 필답시험을 보고, 2차에서는 구술 및 면접을 보는데요. 각 점수를 합산해 최종 합격자를 선발해요. 연구 언어로는 영어와 불어, 독어, 노어, 서어, 중어, 일어, 아랍어가 있고요.

이화여자대학교 통번역대학원은 전기모집과 후기모집으로 나눠 1년에 2회 신입생을 모집하고 있어요. 전기모집 때는

석사와 박사 약간 명, 후기모집 때는 박사 4명을 선발하는데
요. 석사학위 통역학과의 경우 전공 언어의 구술시험을 통해,
번역학과의 경우 전공 언어의 필기시험을 통해 입시 총점 순
으로 학생을 뽑고 있죠. 한영과 한불, 한중, 한일 네 가지 전공
이 있고요. 박사학위의 경우 연구계획서와 이론시험, 구술면
접을 통해 학생을 선발해요.

　중앙대학교는 통번역대학원이 아니라 국제대학원에 전문
통번역학과가 있으며 특별전형과 일반전형으로 나눠 신입생을
선발하고 있어요. 특별전형의 경우 1차 서류심사, 2차 전공구
술시험으로 학생을 선발하며, 일반전형의 경우 1차 모의토익
과 해당 전공 전공시험, 2차 전공구술시험을 통해 학생을 선
발해요.

　서울외국어대학원대학교 통번역대학원의 경우 1차에서는
전공 외국어시험을 보고 2차에서는 면접구술시험을 봐요. 한
영과 한중, 한일 세 가지 전공이 있고요. 그중 한영과의 시험
유형을 보면, 1차는 영어 지문을 듣고 영어로 확장하여 쓰기와
한국어 지문을 듣고 영어로 확장하여 쓰기, 2차는 영어 지문
듣고 한국어로 통역하기와 한국어 지문 듣고 영어로 통역하기
로 구성되어 있어요.

한동대학교 통번역대학원의 경우 번역과 통역, 면접시험을 보는데요. 각 과목별 과락 제도를 적용하여 총점이 높더라도 과락이 있을 경우 불합격 처리하며, 과락 없이 전 과목 합격자 중 총점이 높은 순으로 신입생을 선발하고 있어요. 단 총점이 같은 경우 통역시험, 번역시험 성적의 고득점자순으로 우선순위를 결정하죠.

학교마다 입시요강에 차이가 좀 있죠? 제가 시험을 봤을 당시에는 2차에서 면접관이 영어 한 단락을 읽어주면, 저희가 한국말로 요약하는 방식이었어요. 총 열 문장 정도 됐는데 노트테이킹*은 할 수 없었죠. 그 과정이 끝나면 면접관이 다시 한국어를 열 문장 정도 읽어줘요. 그럼 저희는 그게 어떤 내용이었는지를 영어로 이야기했죠. 실제 통역과는 거리가 있지만 이 사람이 통역에 재능이 있는지 없는지를 평가하는 나름의 방식이었다고 생각해요.

---

* Note-Taking, 화자가 한 말을 잊지 않고 다시 알아보기 위해 화자가 말하는 내용을 가공 기호들을 이용해 수첩이나 종이 등에 표기하여 요약, 정리하는 행위를 말해요. 주로 순차통역이나 토플 듣기 문제를 풀 때 이용하죠.

편 학사 전공은 상관없나요?

이 네. 학부 전공과 무관하게 지원이 가능하며 대학교 성적도 전혀 반영되지 않아요.

편 독학으로도 가능한가요?

이 요즘은 인터넷이 워낙 발달해서 원하는 자료가 있으면 거의 서핑을 통해 찾을 수가 있잖아요. 교재도 꽤 다양하고요. 그러니 마음먹기에 따라 가능은 하겠죠. 하지만 실제로 독학으로 동시통역사가 된 분이 많지는 않아요. 여기서 짚고 넘어가고 싶은 게 하나 있는데요. 저는 개인적으로 TV나 시중 영어교재에 불만이 많아요. 이 책으로 공부하면 동시통역을 할 수 있다고 광고하는 교재들이 많아서 들여다보면 전화해서 따지고 싶은 수준이더라고요. 그러니 독학을 하더라도 실제 도움이 되는 교재를 선택하는 게 무엇보다 중요하겠죠.

편 통번역학원이 도움이 될까요?

이 학원에 가면 선생님들이 다양한 분야에 걸쳐 수업 자료를 나눠줘요. 그렇다 보니 자료를 찾는데 들이는 시간을 크게 줄일 수 있겠죠. 학원에서는 여러 채널에서 정보를 얻기 때문에 자료의 질도 좋겠고요. 그런 측면에서는 확실히 도움이 된다고 생각해요. 그렇지만 양질의 자료를 받고 학원에 다닌다고 해서 실력이 저절로 늘지는 않겠죠. 자료를 얼마나 잘 활용하는가, 학원에 가지 않는 시간에 혼자서도 얼마나 심도 있게 집중해서 학습하느냐가 관건이라고 봐요.

외국어 고등학교에 가면 더 유리한가요?

편 외국어 고등학교에 가면 더 유리한가요?

이 일반 고등학교 학생들에 비해 어려서부터 체계적인 외국어 교육을 받을 수 있다는 점이 장점은 될 수 있겠죠. 그렇지만 통번역대학원 입시에서 외고를 나왔다고 특혜를 받지는 않아요. 고등학생이 대학원에 진학할 때까지가 짧은 기간은 아니라 일반고에 다닌다 하더라도 따라잡을 기회는 충분히 있고요. 그러니 외고에 가야만 유리하다고는 할 수 없겠죠. 저 역시 외고 입시에서 불합격하고 일반고에 들어갔는데 별문제 없이 동시통역사가 되었어요.

동시통역사가 되기에 유리한 전공이 있나요?

[편] 동시통역사가 되기에 유리한 전공이 있나요?

[이] 앞에서 얘기했듯이 통번역대학원에 입학하는데 전공 제한이 있는 것은 아니에요. 어떤 과를 나왔든 상관이 없지만, 흔히들 동시통역사는 대부분 영문과 출신일 거라고 생각하세요. 그렇지는 않고요. 영문과가 특별히 유리하다고도 생각하지 않아요. 이 일을 하다 보니 기술적인 문제를 다루는 회의가 참 많더라고요. 그러니 오히려 공과대학을 나온 사람이 유리하지 않을까 싶네요.

청소년들은 학창시절에
어떤 준비를 하면 좋을까요?

편 청소년들은 학창시절에 어떤 준비를 하면 좋을까요?

이 영어든 일본어든 중국어든 본인이 동시통역하고자 하는 외국어가 있을 거예요. 그 외국어 콘텐츠를 꾸준히 접하는 게 가장 좋은 준비라고 생각해요. 대학원 입시까지는 시간이 많이 남았기 때문에 장기적으로 볼 필요가 있어요. 그때까지 습관처럼 꾸준히 하기 위해선 본인이 흥미를 가지고 재미있어 하는 방법을 사용하는 게 좋겠고요. 예를 들어 해당 언어를 쓰는 국가의 드라마를 본다든지 소설을 읽는 거죠.

두 번째로 얘기하고 싶은 건 외국어 못지않게 우리말 실력도 중요하다는 사실이에요. 우리말 역시 유려하게 구사할 줄 알아야 하거든요. 그러니 우리말로 된 글도 많이 읽는 게 좋아요. 독서를 할 때도 저처럼 편식 없이 다양한 분야를 접하면 도움이 되겠고요. 장르를 가리지 않는 독서는 통번역대학원에 진학하는 것뿐만 아니라 수능을 볼 때도 도움이 되겠죠?

그리고 기사를 보다가 관심 가는 분야가 있으면 그 주제와 연관된 내용을 조사하며 추가 정보를 찾아보는 연습도 도움이 될 거라 생각해요. 이 일은 계속해서 새로운 분야에 대해 알아 가야 하는 일이잖아요. 리서치 연습 역시 끈기 있게 하기 위해 선 흥미로운 주제 위주로 해보는 게 좋겠죠. 마지막으로 기억력 향상 훈련을 하면 좋은데요. 학원까지 다니는 것을 권하는 건 아니고요. 본인 혼자 충분히 할 수 있는 메모리 스팬Memory Span을 확장하는 연습 같은 걸 조금씩 해보면 좋을 것 같아요.

편 메모리 스팬에 대해 구체적으로 알려주세요.

이 메모리 스팬이란 문자나 숫자 등 몇 개의 항목을 한 번만 듣고, 그 직후에 올바른 순서로 재생할 수 있는 항목의 최대 길이를 말해요. 메모리 스팬을 확장하는 연습은 기억할 수 있는 최대 길이를 늘이는 연습이죠. 짤막한 글을 보고 기억했다 녹음기에 그 내용을 말해보고 교정하고 반복하는 연습 등 찾아보면 방법은 다양할 거예요.

저 같은 경우 어릴 때부터 뭔가를 외우는 일이 정말 재미있었어요. 수업과 관련된 것은 물론이고 초등학교 때부터 고등학교를 졸업할 때까지 새 학년이 시작되면 일주일 내로 반 아이들의 출석번호와 이름을 모두 외우기도 했죠. 그때는 마냥 재미있어서 그런 것들을 외웠는데요. 어려서부터 그런 경험을 쌓았던 것이 암기 능력을 향상시키는데 도움이 됐다고 생각해요. 타고난 재능이라기보다는 이른 나이부터 했던 외우기 훈련 덕에 암기력이 좋아진 거죠. 덕분에 다른 사람들보다 압도적으로 빨리 암기를 하는 편이에요. 그게 지금 이 일을 하는데 큰 장점으로 작용하고 있고요.

경쟁력을 갖추려면 대학교에서
어떤 활동을 하는 게 좋을까요?

편 경쟁력을 갖추려면 대학교에서 어떤 활동을 하는 게 좋을까요?

이 대학생활을 통틀어 개인적으로 가장 도움이 됐던 한 가지를 소개하고 싶어요. 신입생이 되어 캠퍼스에 발을 내디뎠는데 그동안 상상했던 것과는 판이하게 다르더라고요. 배움의 전당이나 낭만이 가득한 캠퍼스는 고사하고 취업 양성소 같은 느낌이 들었죠. 실망이 컸고 그럼 차라리 내가 원하는 공부나 실컷 해보자 하는 생각이 들었어요. 학점을 잘 주는 과목에 대한 집착도 전혀 없어서 남들이 선호하는 쉬운 교양수업보다는 음악치료학이나 동양신화를 다루는 강의를 신청해 들었죠. 법학 등 타 전공 수업도 재밌겠다 싶으면 신청했고요. 아마 철이 없기도 해서 그랬을 거예요.

친구들은 학점에서 밀릴 텐데 왜 그러냐며 의아해했지만, 개의치 않고 제 호기심을 자극하는 수업은 다 들어가 봤어요. 살면서 이 많은 분야를 다 경험해보지는 못할 테니 여기서 교양수업으로나마 접해보자는 의도였죠. 그때 들었던 수많은 이야기들이 쌓여 지금 다방면의 기초지식으로 자리 잡았다고 생각해요. 물론 지금의 어려운 취업 상황을 고려하면 스펙을 쌓는 일 대신 제가 했던 것처럼 다양한 전공의 강의를 듣는 것이 쉽지는 않을 거라고 생각해요. 꼭 저처럼은 아니더라도 한 학기에 한 과목씩 새로운 분야를 접해보는 건 어떨까요?

더불어 아르바이트 등 다양한 경험을 쌓는 것도 좋겠죠. 저 역시 대학교에 다닐 때부터 통번역대학원 입시 준비를 할 때까지 아르바이트를 했어요. 회의장에서 진행요원 아르바이트를 했는데요. 그 덕에 통역사들이 하는 일을 가까이에서 지켜볼 수 있었죠. 콘퍼런스가 어떤 주제를 가지고 어떤 식으로 진행되는지도 알아갈 수 있었고요. 거기서 받은 자극이 이 일을 결심하는데 어느 정도 영향을 미친 것도 사실이에요. 동시통역에 관심 있는 학생이라면 저처럼 회의장에서 할 수 있는 아르바이트를 하며 미리 간접경험을 해보는 것도 좋지 않을까 싶어요.

공부를 잘해야 하나요?

편 공부를 잘해야 하나요?

이 우선 얘기하고 싶은 건, 좋은 대학을 나올 필요는 없다는 거예요. 대학에서 받았던 학점도 전혀 상관이 없고요. 4년제 학사 학위만 있으면 충분해요. 앞서 얘기했듯이 통번역대학원은 학교 자체의 입학시험 결과만 보고 학생을 선발하니까요. 그 시험에서 좋은 점수만 받으면 돼요. 일류대를 나왔다고 가산점이 있지는 않죠. 제가 학교를 다니면서 만났던 학생들 역시 모두 좋은 대학을 나온 것은 아니었어요.

대학과 별개로 공부는 또 다른 얘긴데요. 통번역대학원에 다니는 2년 동안은 실로 어마어마한 양의 공부를 해야 해요. 고된 훈련도 받아야 하고요. 지금 돌아보면 그 2년이 아주 힘들었던 단 하루처럼 느껴지기도 해요. 공부밖에는 한 것이 없는 매일매일이 비슷한 날들이었거든요. 저는 공부하는 게 싫지 않았고 오히려 즐기는 편이었는데도 굉장히 고된 시간이었죠. 평생 그렇게 힘들게 공부한 적은 처음이었어요. 그러니 그런 시간을 버텨내려면 공부에 익숙한 사람이 좋겠죠. 공부를 월등히 잘하는 것보다는 공부하는 습관이 배어있는 사람이 더 적합할 것 같다는 얘기예요. 동시통역사가 되어서도 계속해서 새로운 분야를 알아가야 하니 그런 자질은 나중에도 도움이 될 거고요.

편 정말 힘드셨나 봐요. 대입을 앞두었을 때보다 더 열심히 하신 건가요?

이 그렇죠. 그때와는 비교가 되지 않을 정도로 더 많은 시간을 공부에 할애했어요. 일정이 좀 꼬여서 발표와 과제시험이 겹친 적이 있었는데, 그때는 공부하느라 일주일 동안 하루에 한 시간밖에 못 잤어요. 7일째 되던 날, 한 시간 자고 새벽에 일어나 세면대 앞에 섰는데 거울에 비친 제 모습을 보고 정말 놀랐어요. 얼굴은 창백하고 눈은 실핏줄이 모조리 터져버려 빨갰거든요. 다들 그렇게 해쓱해질 정도로 열심히 했어요.

편 영어 말하기 대회에 나가는 게 도움이 될까요?

이 통번역대학원 진학에 도움이 되는 것은 아니지만 영어라는 언어를 구사하는 데 있어 자신감을 끌어올리는 기회가 될 수는 있겠죠. 발음이 원어민처럼 나오지 않는데 괜찮을까 의구심이 드는 사람은 특히 이런 대회를 활용해보라고 권하고 싶어요. 발음이 화려하지 않다고 주눅 들지 말고 필요한 단어의 강세를 잘 살리며 흐름만 놓치지 않는다면 원어민들도 내 영어를 알아들을 수 있어요. 그런 경험을 통해 자신감을 갖는 수준에서 준비한다면 좋겠어요.

반기문 전 유엔사무총장이 연설하는 모습을 본 적이 있나요? 아직 보지 못한 학생이 있다면 꼭 한번 영상을 찾아보세요. 그분이 말하는 영어를 들어보면 발음이 화려하지도 속도가 빠르지도 않아요. 원어민 같은 영어는 절대 아니죠. 그렇지만 전 세계 사람들이 충분히 알아듣거든요. 유려한 발음보다는 모든 사람이 알아들을 수 있는 명료한 발음이 중요하다는 거죠. 사실 언어의 목적이 누군가에게 보이기 위한 것은 아니잖아요. 듣는 사람이 내가 한 말을 알아듣고 이해하면 돼요. 거기에 초점을 맞춰 준비를 하고, 외국에서 살다온 사람들이 원어민처럼 발음해도 주눅 들지 않고 내 이야기를 하고 오겠다는 생각으로 나가보세요. 자신감을 얻을 수 있을 거예요.

동시통역사가 되기 위해 필요한 자격이 있나요?

편 동시통역사가 되기 위해 필요한 자격이 있나요?

이 동시통역사가 되는데 필요한 자격증은 없어요. 통번역대학원의 졸업증서가 자격증으로 통용되고 있죠. 의료통역사* 자격증이란 게 있는데 졸업 후 의료 분야에서 활동할 것이 아니라면 특별히 필요한 자격은 아니에요. 이력서에 한 줄 추가할 순 있겠지만 고객 입장에서도 눈여겨보는 요소는 아니고요.

여기서 통번역대학원 졸업장이 자격증으로 통용된다는 얘기는 그만큼 졸업시험 통과가 어렵다는 뜻이에요. 지금은 상황이 좀 달라졌다는 얘기를 듣긴 했지만 제가 졸업할 당시의 얘길 하자면요. 저희 기수 졸업 예정자가 40명이었는데 한 번에 졸업시험을 통과해 국제회의통역학 학위를 받은 사람은 5명에 불과했어요. 나중에 재시험을 통해 추가로 학위를 받은 사람이 몇 있었고요. 당시 저희 기수가 우수하다는 평판이 있어서 좀 놀라 물었더니 저희 앞뒤 기수는 단 2명씩 합격했다고

---

* 의료 현장에서 외국인 환자가 모든 절차에 대해 의사소통의 장애 없이 의료 서비스를 제공받을 수 있도록 의료진과 환자 간의 소통을 지원하는 사람을 말해요.

하더라고요.

편 졸업시험에 대해 알려주세요.

이 순차통역 AB와 순차통역 BA라는 시험을 봐요. 여기서 A는 모국어인 한국어예요. B는 본인이 전공하는 외국어고요. 순차통역 AB라고 하면 A를 B로 즉, 한국어를 외국어로 옮기는 거예요. 반대로 순차통역 BA는 B를 A로 즉, 외국어를 한국어로 옮기는 거죠. 이와 마찬가지로 동시통역도 동시통역 AB와 동시통역 BA를 따로 봐요. 번역도 번역 AB와 번역 BA를 따로 보고요. 순차통역 두 과목과 동시통역 두 과목 모두 합격하면 국제회의통역학 학위를 받을 수 있게 돼요. 순차통역 두 과목과 번역 두 과목에 합격하면 순차통역 학위를 받게 되고요. 번역 학위의 경우 번역 두 과목에 별도의 시험을 보고 모두 합격하면 해당 학위를 받을 수 있죠. 불합격 시 1년에 두 번 정도 6개월 단위로 있는 재시험을 볼 수 있어요.

편 계속 떨어지는 사람도 있나요?

이 그렇죠. 한 번에 합격하는 사람이 매우 적고, 계속 떨어지는 분들도 꽤 있죠. 그런데 인하우스 통역사로 입사할 경우 대학원 수료 상태에서도 취업은 가능해요. 우선 회사에 들어가 일을 하면서 합격할 때까지 6개월에 한 번씩 재시험을 보는 거죠.

편 한 번에 붙으셨나요?

이 그럼요. 기회가 왔을 때 자랑해야겠네요. 저 수석 졸업자예요.^^

편 우와! 그 힘들다는 걸 해내셨네요. 정말 열심히 공부하셨나 봐요.

이 고난의 세월이었죠. 힘들지만 그래도 정말 재미있게 공부했어요. 잠을 못 자서 체력적으로는 힘들었지만 재미가 없었다면 그렇게는 못했을 것 같아요. 이 공부가 아니고서 내가 이렇게 즐겁게 할 수 있는 공부가 또 있을까 싶었죠.

편 ITT 자격증이란 것도 있던데요. 동시통역사가 되는데 꼭 필요한 건 아닌가 봐요.

이 ITT 시험은 외국어 듣기와 말하기 및 읽기와 쓰기 능력을 평가하는 통역 및 번역시험인데요. 이 시험은 일상생활이나 비즈니스 환경 안에서 얼마나 능숙하고 유창하게 외국어를 구사할 수 있는지 평가하는 도구로써 동시통역사가 되기 위한 것보다는 국내 대기업의 채용과 승진, 인사고과에 주로 활용되고 있어요.

외국어만 잘하면
누구나 통역사가 될 수 있나요?

편 외국어만 잘하면 누구나 통역사가 될 수 있나요?

이 제가 통번역대학원 입시 준비를 할 때까지만 해도 주변에서 우려가 많았어요. "요즘 영어 잘하는 사람이 얼마나 많은데!"라는 말을 정말 많이 들었죠. 그런 부정적인 말들로 인해 상처도 받았고요. 그런데 아니더라고요. 외국어만 잘한다고 동시통역사로 일할 수 있는 건 아니에요. 우리나라에는 영어권 국가에서 살다 온 사람이 많죠. 그 사람들은 분명 저보다 훨씬 더 거침없이 영어를 구사해요. 하지만 그렇다고 그 사람들이 나보다 더 통역을 잘할 수 있을까? 그건 미지수라는 거죠.

통번역대학원에 다닐 때도 마찬가지였어요. 저보다 영어가 유창한 사람이 많았지만 그들 모두가 통역까지 잘하는 건 아니었거든요. 통역은 한 개의 언어를 다른 언어로 바꿔주는 일이니 외국어뿐만 아니라 한국어 구사도 유려해야 하죠. 더불어 통역 능력이라는 제3의 조건이 꼭 필요해요. 통역 능력이란 언어에 대한 이해력과 표현력, 분석력, 기억력을 통합한 거라 보시면 돼요. 다시 말해 외국어 능력과 한국어 능력, 통역 능력 이 세 가지 요소를 모두 갖추어야 통역사로서 기능할 수 있어요.

동시통역사가 되기 위해서는
어떤 자질을 갖추어야 하나요?

편 동시통역사가 되기 위해서는 어떤 자질을 갖추어야 하나요?

이 일단 눈치는 기본이에요. 그때그때의 상황에 따라 연사의 의도를 짐작하고 확실하게 이해할 수 있어야 해요. 연사가 어떤 말을 했다면, 기계적으로 그 말을 통역하는 것을 넘어 그 사람이 어떤 의도로 그 말을 했는지를 파악하는 거죠. 그러려면 분석력이 중요해요. 연사의 표정과 뉘앙스를 통해 말의 의미를 분석해서 이 말이 순수한 설명인지 비꼬는 말인지 지능적으로 계산해서 뭔가를 얻기 위한 말인지 분석해내는 능력이 있어야 그 의도대로 통역을 할 수 있으니까요.

저희는 새로운 분야의 일을 맡을 때마다 잘 모르는 주제에 대해 공부하고 관련 정보를 찾아봐야 하잖아요. 그런데 공부할 수 있는 시간이 마냥 긴 것이 아니라 방대한 정보를 빠르게 흡수하는 능력도 필요해 보여요. 프리랜서라는 형태의 모든 직업인이 그렇겠지만 스케줄 관리를 철저히 해야 하고요. 그럴 일은 거의 없겠지만 본인의 일정을 잊어버리거나 중복으로 일을 잡을 수도 있으니까요.

Job
Propose 22

어떤 성격을 가진 사람들이
동시통역사에 적합한가요?

편 어떤 성격을 가진 사람들이 동시통역사에 적합한가요?

이 우선 침착하고 마인드 컨트롤 능력이 좋은 사람이 적합할 것 같아요. 저는 긴장을 많이 하지 않는데 그 점이 이 일을 하는데 도움이 되거든요. 마인드 컨트롤을 하는 방법은 각자 다를 텐데요. 저는 다소 긴장되는 날이면 '망치면 오늘 은퇴하지 뭐!' 하는 생각으로 들어가요. 실제로 은퇴를 하게 되면 난감하겠지만 그렇게 마음을 먹고 들어가야 침착하고 차분해지니까요. 그런 식으로 마음을 편하게 가지면 통역이 더 잘 되더라고요. 긴장을 많이 하는 분 중에는 손을 덜덜 떨면서 하는 분도 있어요. 그런 분들은 목소리까지 떨리기 때문에 아무래도 긴장하지 않고 침착하게 진행할 수 있는 담대한 분들이 이 일에 적합해 보이네요.

더불어 지난 일은 빨리 잊어버리는 자세도 필요하다고 봐요. 통역을 하다 보면 어떤 단어나 문장을 놓치는 경우도 있겠죠. 그렇지만 대부분은 그래도 괜찮아요. 놓친 부분이 있어도 내가 알아들은 선에서, 거짓을 말하지 않는 선에서 마무리를 짓고 빨리 다음 문장을 통역하면 되거든요. 연사는 계속해서 말을 하기 때문에 빨리 다음 문장으로 넘어가야 하는데, 들리지 않았던 문장에 집착해서 다음 말까지 놓치면 그거야말로 큰 문제가 될 수 있죠. 실수를 했더라도 정신을 놓지 않고 바로 수습할 수 있는 사람, 어떤 말을 놓쳤다 하더라도 흐름상 큰 문제가 없는 것이었다면 괜찮다고 본인 스스로를 다독일 줄 아는 사람이 이 일에 적합해 보여요. 그렇지 않고 실수에 집착하거나 스스로에게 너무 확고한 기준을 세워 놓고 그 기준에 미치지 못할 경우 굉장한 스트레스를 받는 분은 아무래도 많이 힘들겠죠. 주변을 봐도 실수했던 일을 잊지 못하고 계속 담아두는 분들은 프리랜서 생활을 오래 못하더라고요.

📖 본인은 어떤 성격인가요?

이 저는 태평한 성격이라 긴장도 잘 하지 않아요. 만약 제가 너무 급하게 넘어가느라 메시지는 전달했지만 한국어 발음이 엉성했다고 가정해봐요. 저는 그런 상황에서 '발음이 좀 엉성하긴 했지만 다들 전문가들인데 그 정도는 찰떡같이 알아들었겠지?'라고 생각하고 넘어가는 편인 거죠.

유학이 필요한가요?

편 해외에 거주한 적도 유학을 한 경험도 없다고 하셨잖아요. 어때요? 유학이 필요한가요?

이 물론 어릴 때 외국에 살다 와서 외국어와 한국어가 모두 편하고 발음도 좋다면 공부할 때 편하긴 하겠죠. 기본 틀이 어느 정도 잡혀 있으니 분명 다른 사람들보다는 시작이 유리할 수 있고요. 저는 학창 시절에 유학을 다녀오지 못했다는 사실 때문에 자격지심을 갖기도 했어요. 통번역대학원에서는 해외 정규교육을 받고 온 사람을 편의상 해외파라 부르고 저 같은 사람은 국내파라 불렀는데요. 국내파는 불리하다는 생각에 사로잡힌 적도 있었죠.

그런데 그 자격지심이 제 원동력이 되더라고요. 국내파의 한 사람인 저는 공부를 시작할 때는 분명히 그들보다 더 고생을 했지만 최선을 다해 누구보다 열심히 한 덕에 나중에는 수석으로 졸업하는 결실을 얻었죠. 졸업시험에 한 번에 합격한 사람 5명 중 해외파는 1명, 나머지 4명은 모두 국내파였고요. 그리고 앞서 얘기했듯이 통역은 외국어만 잘한다고 할 수 있는 건 아니에요. 제3의 기술인 통역 능력이 굉장히 큰 변수죠.

그런 사실을 종합해봤을 때 유학이 꼭 필요하다고는 생각하지
않아요.

동시통역사가
되면

연봉은 어느 정도인가요?

편 연봉은 어느 정도인가요?

이 인하우스 통역사의 경우 공공기관이나 정부 부처에 들어가는 분도 있고 사기업에 고용되는 분도 있는데 대부분이 계약직이며 회사 내규에 따라 연봉이 책정되고 있어요. 듣기로는 보통 1년이나 2년 정도 계약을 하지만 영구 계약직도 있어서 본인이 퇴사하고 싶을 때까지 일하는 분도 있다고 하네요. 그러니 일반 회사원과 마찬가지로 인하우스 통역사 역시 회사의 상황에 따라 연봉은 천차만별이겠죠? 저와 같은 프리랜서의 경우 하프 데이와 풀 데이라는 요금 체계가 잡혀 있어요. 하프 데이는 일종의 기본요금이라고 보면 돼요. 두 시간까지가 하프 데이지만 30분을 진행해도 하프 데이 요금을 줘야 하거든요. 요금은 60만 원이죠. 풀 데이는 두 시간부터 여섯 시간까지 적용되며 요금은 90만 원이에요. 여섯 시간이 초과될 경우 한 시간마다 오버타임 비용이 발생하고요.

동시통역사도 직급 체계가 있나요?

편 동시통역사도 직급 체계가 있나요?

이 회사에 소속될 경우 직급이 있을 수 있으나 프리랜서의 경우 공식적인 직급 체계는 없어요. 그렇지만 연차라는 게 있어서 어느 정도 서열이 생기긴 하죠. 처음 뵙는 분과 일을 하게 되면 서로의 연차를 밝히게 되는데 그럼 자연스럽게 서열이 잡히는 거죠. 특히 같은 대학원을 졸업한 경우 기수라는 게 있어서 기수만으로 선후배 관계가 바로 정리되고요.

편 연차가 높아지면 요금이 올라가기도 하나요?

이 교수 직함이 있으면 요금을 더 받기도 한대요. 또 경력이 낮으면 약간 덜 받는다고도 하는데 정확한 사실인지는 모르겠어요. 어쨌든 보통의 경우 연차에 따른 요금의 변화는 없어요. 그래서 초년 차도 선배들과 같은 수준의 돈을 받고 일하고 있죠. 대신 선배가 되어서도 초년 차 때와 같은 돈을 받게 되고요. 그게 이 일의 장점이자 단점이에요.

편 요금이 같다면 경력이 많은 사람을 선호하겠네요.

이 아무래도 그렇겠죠. 그런 이유로 초년 차 때에는 성수기에 좋은 이미지를 남기는 게 매우 중요해요. 기회가 왔을 때 실력을 잘 발휘하면 에이전시에서 눈여겨보고 계속해서 다른 일을 소개해주거든요.

편 에이전시 한 곳에 소속되어 일하는 건가요?

이 이 분야에는 에이전시가 정말 많은데요. 그중 한 에이전시와만 일을 하는 것은 아니에요. 여러 군데 에이전시에 등록을 해놓고 각 에이전시의 일을 받아 하고 있죠. 에이전시를 통하지 않는 개인 고객의 일도 하고요.

편 에이전시에는 어떻게 들어가는 건가요?

이 사실 초년 차 때 에이전시에 들어가는 건 쉽지 않아요. 그렇기 때문에 대부분의 통번역대학원에서는 자체적으로 에이전시 기능을 하는 센터를 운영하고 있죠. 저는 다행히 졸업성적이 우수해서 센터를 통해 많은 일을 받을 수 있었어요. 1년간 초년 차가 해볼 만한 일은 기회가 되는 대로 했더니 어느 정도 이력을 쌓을 수 있었죠. 당시에 센터에서 주는 일 말고 새로운 일을 좀 해보고 싶어서 에이전시에 이력서를 보내봤는데 전혀 연락이 없더라고요. 그러다 한 선배가 에이전시에 저를 좋게 얘기해줘서 연락이 왔고 지금까지도 그 에이전시와 일하고 있죠. 그런 걸 보면 학연이라는 게 좀 작용하는 것 같아요. 다른 분들 역시 선배나 믿을만한 누군가의 소개를 통해 에이전시와 연결이 됐다고 하더라고요.

근무 시간은 어떻게 되나요?

편 근무 시간은 어떻게 되나요?

이 인하우스 통역사의 경우 일반 직장인들처럼 출퇴근 시간에 맞춰 일을 하고 필요하면 야근도 한다고 해요. 반면 프리랜서의 경우 행사에 따라 일하는 시간이 매번 다르죠. 행사 한 시간 전에 가서 준비를 하고 끝나면 바로 오는데 그 시간이 저희의 근무 시간이에요.

편 휴일에도 일해야 하나요?

이 그럼요. 휴일에 열리는 행사를 진행하게 되면 휴일에도 일해야 하죠.

2017년, 아카데미 시상식 생중계 동시통역

근무 여건은 어떤가요?

편 근무 여건은 어떤가요?

이 인하우스 통역사는 그들이 속한 회사에 따라 사무실 환경이나 복지 혜택이 모두 다르죠. 다들 아시겠지만 회사에 소속되어 있지 않은 프리랜서는 자유롭게 스케줄을 조정해 일할 수 있으나 4대 보험과 같은 혜택은 없고요. 직장인처럼 연말정산을 하지 않고, 개인사업자로 분류되어 종합소득세를 내는 직종이죠. 다른 프리랜서와 똑같아요.

노동 강도는 어느 정도인가요?

편 노동 강도는 어느 정도인가요?

이 동시통역은 혼자 계속해서 할 수 없어요. 대략 30분마다 2명씩 돌아가며 하죠. 고도의 집중력을 발휘해 두뇌를 풀가동 해야 하는 일이라 그 이상은 무리거든요. 정신적으로도 힘들지만 그런 식으로 교대하며 풀 데이를 일한다는 것은 체력도 뒷받침이 되어야 가능한 일이고요. 유독 힘든 날이 있는데 그런 날은 두통이 오기도 하고 몸살을 동반한 채 귀가하기도 해요. 스트레스로 인해 얼굴에 뾰루지가 나는 건 예삿일이고요. 이 정도면 노동 강도가 센 편 아닌가요?

편 가장 힘들었던 행사는 언제였나요?

이 풀 데이 행사라 하더라도 보통은 중간에 커피를 마시거나 점심을 먹는 시간을 가져요. 그런데 지난주 행사에서는 오전 9시부터 오후 6시까지 일하는데 점심시간은커녕 쉴 수 있는 시간이 1분도 없었어요. 행사장 뒤편에 뷔페를 차려놔서 참가자들은 물론 연사들도 본인 차례가 아닐 때면 자유롭게 식사를 하고 쉬기도 했죠. 통역사들도 파트너가 진행할 때 쉬거나 식

고객이 부스에 넣어준 커피

사를 하면 되는데 하필이면 이날 통역이 15분씩 돌아가며 진행된 거예요. 쉬는 시간이 짧다 보니 화장실 한번 다녀오면 바로 제 차례가 되는 바람에 정신도 하나도 없어서 한숨을 돌리거나 식사를 한다는 건 불가능했죠. 여태껏 진행한 행사 중 가장 고됐던 행사였어요.

직업병이 있나요?

편 직업병이 있나요?

이 실제 질병과 관련된 측면에서 보면 목이 많이 상한다는 거죠. 부스 안의 환경이 좋지는 않아요. 음향을 최대한 높은 수준으로 유지하기 위해 조성된 공간이라 덥고 건조하거든요. 그 안에서 계속해서 말을 해야 하기 때문에 목이 많이 상할 수 있어요. 저는 목이 좀 약한 편이어서 그런 환경에 더 예민하게 반응하는 것인지도 모르겠어요. 그래서 항상 따뜻한 물을 자주 마시고, 차가운 음료는 피하려고 노력 중이죠.

그리고 연사들이 얘기를 하다가 예시를 든다고 책이나 영화 제목을 말하면서 그 내용을 소개하는 경우가 종종 있는데요. 책이나 영화의 제목을 보면 원제와 국내 번역 제목이 다른 경우가 많아요. 어느 날 갑자기 아는 작품인데도 원제로 얘기하는 바람에 같은 작품인지 알아채지 못할까 봐 겁이 나더라고요. 그 책을 읽지 않아 혹은 그 영화를 보지 않아 내용을 모르더라도 연사가 말하려는 의도를 이해하면 충분히 상황을 전달해줄 수 있죠. 그런데도 그때부터 읽은 책과 본 영화를 원제와 번역 제목으로 분류해 목록을 작성하기 시작했어요. 갑자기 예전에 봤던 영화가 생각나면 그걸 목록에 추가하기도 하면서요. 그런 식으로 좀 강박적이 된 것도 직업병일까요?

또 한 가지 소개하자면, 저만 그런 건 아니고 다른 분들과도 공통된 얘긴데요. 영화를 볼 때 영어를 구사하는 인물이 나오면 저희 같은 사람은 자막 없이 영화를 편하게 볼 거라 생각하더라고요. 그런데 실상은 달라요. 영어를 들으면서 한국어 자막이랑 비교해가며 보거든요.^^

편 영화를 보면 오히려 스트레스를 받겠는데요?

이 네. 좀 그런 면이 있죠. 남들은 스트레스를 풀러 가는데 저희는 보고 나면 더 피곤하기도 하고요. 자막의 번역이 잘 됐는지도 보고, 신조어가 나왔는데 자연스럽게 잘 옮겼다면 나중에 사용하려고 기억해두기도 해요. 의역이 나오면 뜻을 잘 살렸는지 평가도 하고요. 그러니 영화를 보면서 공부를 하는 느낌이 들기도 해요.

정년은 언제까지인가요?

편 정년은 언제까지인가요?

이 프리랜서이다 보니 정년은 따로 없어요. 실제로 활동하는 통역사분들의 연령대를 보면 굉장히 다양해요. 꽤 나이가 많은 선생님들도 활발하게 활동 중이죠. 능력과 체력만 있다면 정년이 없다는 것이 이 일의 좋은 점 중 하나예요.

편 언제까지 일하고 싶으세요?

이 저는 체력이 되고, 목소리가 듣기 좋게 나와주는 한 계속해서 일하고 싶어요. 갑자기 커리어의 전환을 이루어야겠다는 생각이 들지 않는 한 말이에요. 그런데 요즘 목 관리를 제대로 안 하다 보니 금방 목소리가 상해 이 일을 오래 하지 못할까 봐 걱정이 들어요.

편 평상시에 목 관리를 잘해야겠네요.

이 그렇죠. 목을 무리하게 쓰지 않아야겠다고 생각은 하는데 평소에 워낙 말이 많아서요. 그래도 노래방이나 콘서트장, 야구장처럼 시끄럽고 사람이 많은 곳엔 잘 안 가려고 해요. 신나

서 소리를 지르진 않더라도 옆 사람 목소리가 잘 안 들리면 저
도 모르게 큰 소리로 말하게 되니까요.

다른 분야로 진출이 가능한가요?

편 다른 분야로 진출이 가능한가요?

이 네. 제 주변에는 동시통역사로 일하는 중에 입사 제안을 받았다는 분들이 정말 많아요. 언어 능력도 뛰어나지만 문맥 또는 업무나 현상에 대한 이해도가 높은 편이라 좋게 봐주셨는지 다양한 분야에서 많은 제안이 들어오더라고요. 동기 중에도 프리랜서 활동을 하다가 국내 보험사의 입사 제안을 받고 정규직으로 채용된 친구가 있어요. 통번역 업무와 더불어 외국 고객의 계좌 관리까지 하고 있죠.

나도
동시통역사

앞에서 순차통역과 동시통역이란 무엇인지 알려드렸는데요. 다시 한번 간단하게 얘기하면, 순차통역이란 연사가 연설을 하면 옆에서 바로 그 말에 이어 통역하는 것을 말해요. 연사가 말을 하고 멈췄을 때 통역사가 말을 옮겨주고 다시 연사가 말을 하고 통역사가 말을 옮겨주는 게 순차적으로 진행되는 거죠. 동시통역이란 연사의 목소리를 들으면서 연사가 말할 때 통역사도 마이크에 대고 동시에 말하는 통역을 말하고요. 그렇다면 다음 문장은 순차통역으로 통역될 때와 동시통역으로 통역될 때 각각 어떻게 바뀔 수 있을지 생각해보세요.

Korea has successfully transformed itself from one of the poorest countries to one of the most advanced economies in the world.

나만의 순차통역:

_____

_____

_____

_____

나만의 동시통역:

_____

_____

_____

_____

순차통역 `Tip`

순차통역과 동시통역은 과정 자체가 완전히 다른 작업이죠. 순차통역은 문장을 온전히 다 듣고, 들으면서 노트를 하고, 그 후에 연사가 말을 멈추었을 때 내용을 전달하게 돼요. 따라서 최대한 완성도가 높은 문장으로 의미를 전달해주는 게 맞겠죠. 통역은 해석이 아니기 때문에 단어 하나하나에 휘둘리기보다는 말하고자 하는 의도를 가장 자연스럽고 적절하게 살릴 수 있는 표현을 사용해야 하고요. 저는 이렇게 바꿔봤어요.

한국은 과거 전 세계 최빈국 중 하나였지만 성공적으로 선진국 반열에 진입했습니다.

이 문장이 유일한 답은 아니에요. 정답도 아니고요. 통역에 따라 깔끔함이나 효율성의 차이는 있겠지만 의미와 의도가 제대로 전달된다면 충분히 성공한 통역이에요.

노트테이킹 Tip

그렇다면 순차통역을 할 때 노트는 어떤 식으로 하게 될까요? 노트테이킹은 통번역대학원에 들어가서 가장 처음 배우는 기술 중 하나예요. 들리는 말을 다 받아 적는 게 아니라, 나중에 통역을 할 때 기억을 되살리는 도구 정도로 보면 돼요. 지나치게 의존할 경우 듣는 작업에 집중을 못 하게 되면서 오히려 통역을 망칠 수 있다는 걸 명심하세요. 위의 문장으로 제가 한 노트테이킹을 보여드릴게요.

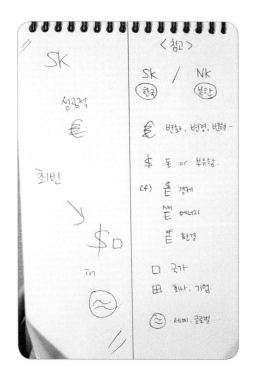

보시는 것처럼 노트테이킹 시작과 끝에 // 표시가 되어 있죠. 실제로 순차통역을 할 때는 예문처럼 한 문장만 듣고 바로 통역을 하는 게 아니라 짧게는 1분 정도의 간격으로 통역을 하며, 길게는 5분 정도의 간격으로 통역을 하죠. 통역사는 연사가 말을 하는 5분 동안 노트를 넘기면서 연사의 말을 기록하다가 통역할 때가 되면 노트를 앞으로 넘겨서 노트테이킹 내용을 참고하게 돼요. 제가 노트 왼쪽 아래를 접어둔 이유도 노트테이킹을 하면서 페이지를 넘기기 쉽게 하기 위해서죠.

그런데 매번 노트를 새 페이지로 넘겨서 쓰기가 어렵기 때문에 노트테이킹을 시작하고 끝마칠 때 습관적으로 // 표시를 해두는데요. 그렇게 하면 노트를 한 번에 여러 장 쓰더라도 그 표시를 찾아 어디서부터 이번 통역을 시작해야 하는지 알 수 있죠. 예문에 대한 노트테이킹은 사실 왼쪽 한 칸에서 모두 끝났고, 오른쪽 칸에는 몇 가지 참고할만한 노트테이킹 기호의 예시를 적어 놓았는데요. 전부 제가 개인적으로 편하게 쓰는 기호일 뿐 무조건 저렇게 표시해야 하는 것은 아니에요. 노트테이킹 규칙이 따로 정해져 있는 게 아니라 통역사 개인의 편의에 따라 다르게 할 수 있거든요.

제 노트테이킹에 '성공적', '최빈'이라는 글씨를 그대로 쓴 걸 볼 수 있는데, '성공적'은 꾸며주는 말이라 누락하기 쉬울 것 같다는 판단하에, '최빈'은 'poorest country'를 통역할 때 '최빈국'이라는 표현을 꼭 쓰고 싶은데 적어놓지 않으면 바로 나오지 않을 것 같다는 판단하에 글자 그대로 적어 놓았어요. 이러한 판단은 들으면서 순간적으로 해야 하기 때문에 실제로는 매우 긴박하게 진행되고 있죠. 그렇기에 노트테이킹 시에는 절대 글씨가 예쁘게 써질 수가 없어요.

자신만의 노트테이킹 기호를 새로 정해서 '이제부터 이건 이렇게 써야지'하고 만든다고 바로 손에 익는 것은 아니에요. 경험이 쌓이면서 자연스럽게 남는 기호도 있고, 어느 순간 다르게 쓰고 있는 기호도 있고, 실제로는 한 번도 써보지 않고 기억에서 사라지는 기호도 생기게 되죠. 모두 자연스러운 과정이라고 생각하고 귀로 들으면서 동시에 노트를 하는 과정이 익숙해질 때까지 맹연습해보는 것만이 노트테이킹에 익숙해지는 길이에요.

동시통역 Tip

동시통역은 귀로 들리는 말을 앞에서부터 그대로 따라가야 하기 때문에 자연스러운 문장이 나오기가 훨씬 어려워요. 따라서 순차통역처럼 한 문장으로 정리해서 전달하기보다는, 앞에서부터 끊어가면서 여러 문장으로 나누어 전달하는 것이 안전하죠.

한국은/성공적인 변화를 일구어 냈는데요./가장 가난한 국가 중 하나였다가/가장 부유한 국가 중 하나로 세계적인 발돋움을 했습니다.

순차통역과는 확연히 다른 결과물이 나왔죠. 마찬가지로 동시통역에도 정답은 따로 없어요. 듣는 사람이 불편함을 느끼지 않는 선에서, 또 오역이 발생하지 않는 선에서 자유롭게 의미를 전달하되 최대한 반복과 번복 없이 하는 게 좋아요.

"

제가 드린 Tip을 참고해 다음 문장도 순차통역으로 통역될 때
와 동시통역으로 통역될 때 각각 어떻게 바뀔 수 있을지 생각
해보세요.

"

01

정부는 집값 안정을 위해 부동산 대책을 수립 중이라고
발표했습니다.

나만의 순차통역:

나만의 동시통역:

02

You will never achieve your goal unless you make constant efforts.

나만의 순차통역:

나만의 동시통역:

03

한국의 지난해 혼인 건수는 약 26만 4천 건으로 40여 년 만의 최저치를 기록하고 있습니다.

나만의 순차통역:

나만의 동시통역:

동시통역사
업무 엿보기

행사장이나 회의장에 설치된 동시통역사 부스를 본 적이 있나요? 부스는 사방과 상단이 패널로 둘러싸인 공간이에요. 전면과 측면에는 창과 출입구가 있고요. 부스 안을 들여다보면 다음 사진과 같은 동시통역 기계가 설치되어 있는데요. 생각보다 버튼의 수가 적어 많이 복잡해 보이진 않죠? 동시통역 기계에도 여러 가지 종류가 있는데 이 기계는 상당히 오래된 모델이에요. 그럼 버튼 하나하나가 어떤 역할을 하는지 알아볼까요?

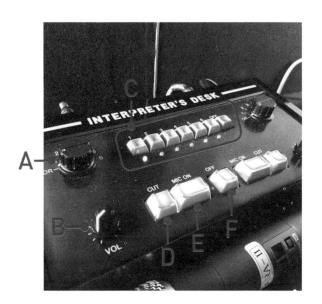

동시통역은 2인 1조로 진행되기 때문에 C와 F 버튼을 제외하고는 모두 두 개씩 있는 게 보이실 거예요.

A는 통역사가 헤드폰으로 소리를 들을 채널을 맞추는 버튼이에요. OR이라고 쓰여 있는 곳이 Floor, 즉 연사가 말하고 있는 연단 소리를 듣는 채널이라 A 버튼은 기본적으로는 OR에 맞추어져 있죠. 사실 여러 언어의 동시통역이 진행되는 릴레이통역을 하지 않는 이상 이 버튼은 만질 일이 거의 없어요. 릴레이통역 시 A 버튼 사용법은 모든 버튼 설명이 끝난 후에 해드릴게요.

B에는 VOL이라고 쓰여 있는데요. 단순히 볼륨을 키우고 줄이는 버튼이죠.

C에는 1~6까지의 버튼이 있어요. 이것은 통역사가 말하는 언어가 나가는 채널을 의미해요. 예를 들어 한 행사에서 1번 채널을 한국어, 2번 채널을 영어로 사용하기로 했다고 가정하면, 리시버를 받아서 들어온 청중 가운데 한국어로 듣고 싶은 분들은 기기를 1번 채널에, 영어로 듣고 싶은 분들은 2번 채널

에 맞추게 되죠. 통역사의 입장도 마찬가지예요. 연단에 올라온 분이 한국어를 말하면 통역사는 영어를 말하기 때문에 2번 버튼을 누른 후에 말을 시작하고, 반대로 영어 연사가 올라오면 통역사는 한국어를 말해야 하기 때문에 1번 버튼을 누른 후 말을 시작해야 각각 청중들이 맞춘 채널에 부합하는 언어로 통역이 전달되겠죠?

D는 CUT 버튼으로 기계에 따라 MUTE(무음) 혹은 COUGH(기침)라고 쓰여 있기도 해요. 통역사가 말을 하다가 재채기가 나온다거나 갑자기 단어가 떠오르지 않아서 급하게 파트너에게 뭔가 질문을 하고 싶을 때 잠시 CUT 버튼을 누르고 필요한 일을 할 수 있어요. 이때 마이크는 꺼지지 않지만 청중들에게 전달되는 소리는 잠시 차단되게 되죠. 마이크를 껐다 켰다 할 필요 없이 잠시 소리만 차단해주는 버튼으로 통역사의 편의를 제공하기 위한 것이라고 할 수 있어요.

E는 MIC ON이라는 표시에서 알 수 있듯이 각자의 마이크를 켜는 버튼이며, F는 마이크를 끄는 버튼이에요. 마이크를 끄는 버튼은 하나뿐이죠. 왜 그럴까요? 2인 1조로 진행되는 통

역에서 서로 지켜야 할 매너가 몇 가지 있는데요. 그중 한 가지는 상대의 마이크는 건드리는 게 아니라는 거예요. 즉, 내 차례가 끝났다고 해서 내 마이크를 끄고 파트너 마이크의 ON 버튼을 누른다거나 파트너의 차례가 끝나자마자 OFF 버튼을 눌러 상대방의 마이크를 꺼버리는 것은 예의에 크게 어긋나는 행동인 거죠. 각자의 마이크는 각자가 켜고 끄는 것이 원칙인 셈이에요. 그런 일은 거의 없지만 혹시 파트너가 자신이 맡은 부분의 통역이 끝났는데도 깜빡하고 마이크를 끄지 않고 있는 경우에는 수신호를 보내 마이크를 꺼달라고 요청해야 해요.

동시통역 기계의 모든 버튼에 대한 설명이 끝났어요. 어때요? 복잡하거나 어렵지 않죠? 앞서 얘기한대로 이제 릴레이통역 시 A 버튼을 어떻게 활용하는지 알려드릴게요.

한국어와 영어, 중국어 세 개 언어로 진행되는 회의가 있다고 가정해볼게요. 통역 부스는 한-영, 한-중 총 두 개가 설치될 것이고, 통역사는 4명이 투입되겠죠. 청중이 듣는 채널은 한국어가 1번, 영어가 2번, 중국어가 3번이라고 할게요. 한국어로 발표가 이루어지는 동안 양쪽 부스는 A 버튼을 OR 채널에 맞춘 채 B 버튼에서 영어통역사들은 2번, 중국어통역사들은 3번을 누르고 각각 통역을 하겠죠. 이것은 릴레이 상황이 아니라 일반 동시통역 상황이에요. 그런데 다음 연사가 영어로 발표를 한다면? 영어통역사들은 빠르게 B 버튼에서 1번을 누르고 한국어로 말을 하기 시작해요. 그렇다면 중국어 통역사들은 어떻게 할까요? A 버튼을 돌려 1에 맞추면 중국어통역사들도 1번 채널에서 나오고 있는 한국어 통역을 듣게 되죠. 영어통역사들이 영어를 한국어로 옮기는 것을 듣고 자신들은 B 버튼에서 3번 중국어 채널에 맞춘 채 그 한국어를 중국어로 옮겨주는 작업을 하는 거예요. 이때 한-영 부스에서 한국어로 내보내는 것을 중국어통역사들이 듣고 다시 통역해야 하기 때문에 한국어로 바꾸어주는 역할을 하는 한-영 부스를 피봇 부스 Pivot Booth라고 불러요. 그리고 영-한 통역을 한-중 통역으로 이어받아 하기 때문에 이를 '릴레이통역'이라고 부르고요. 통역사들이 굉장히 힘들어하는 세팅이기도 한데, 아무래도 속도가 조금씩 더 밀리기도 하고 버튼 조작도 상당히 정신없기 때문이죠. 중국어로 발표하는 연사가 나오면 반대로 중국어통역사들이 다시 OR에 맞춰 발표를 들으며 1번 채널에 한국어를 내보내고, 영어통역사들이 A 버튼을 1에 맞춰 한국어 통역을 들으며 2번 채널에 영어를 내보내게 돼요. 이때는 한-중 부스가 피봇 부스가 되겠죠.

글로 읽으니 좀 복잡하죠? 동시통역을 하면서 버튼 조작까지 타이밍에 맞춰 할 수 있을까 의문이 들겠지만, 사용법은 생각보다 금방 익숙해져요. 물론 너무 빠르게 진행되는 행사의 경우에는 가끔 채널을 바꾸지 않거나 마이크를 끈 채로 통역이 나가는 실수가 생기기도 하는데요. 통역 장비 업체 테크니션 분들이 기계와 부스 설치 이후에도 행사 종료 시점까지 상주하면서 리시버를 착용한 채 채널은 맞는지 통역에 잡음은 없는지 챙겨주세요. 혹시라도 문제가 생길 경우 바로 신호를 주기 때문에 곧 시정이 가능하죠. 그분들 없이는 원활한 행사가 불가능하다고 해도 과언이 아니라 통역사들이 현장에서 가장 소중하게 생각하는 분들이 바로 테크니션분들이에요!

동시통역사가 알려주는
영어 잘하는 팁

01_신문 활용

영어공부를 한다고 해서 영자신문만 보는 것은 바람직하지 않아요. 저는 국문 신문과 영문 신문을 같이 보는 방법을 추천해요. 그런데 모든 기사를 하나하나 다 살펴본다면 시간이 너무 많이 걸리겠죠? 그러니 먼저 두 개 신문을 나란히 놓고 일단 헤드라인만 쭉 훑어보면서 국문과 영문으로 모두 다루어진 기사를 추려내요. 보통 중요한 뉴스는 양쪽에서 모두 다룰 거예요. 두 신문에 모두 언급된 기사를 찾으면 먼저 국문으로 된 기사를 읽고 비슷한 헤드라인을 가진 영문 기사를 읽어보세요. 국어로 읽으면서 일단 내용이 어느 정도 파악되었기 때문에 영어로 읽더라도 이해하는 게 어렵지는 않을 거예요.

여기서 중요한 포인트는, 국문으로 쓴 표현에 대응해서 쓸만한 영문 표현을 찾는 일이에요. 100% 그대로 해석해 놓은 것처럼 일치하는 표현만 찾는 게 아니라, 내가 이 국문 표현을 영어로 말하고 싶을 때 어느 정도 의미가 통하게 써먹을 수 있을 것 같은 표현이라면 다 해당돼요. 저는 처음에 국문, 영문 표현을 노트에 나란히 정리했는데 그러면 나중에 언제든 볼 수 있다는 생각에 바로 공부하지 않게 되고 노트만 끝도 없이 쌓이더라고요. 쌓여있는 노트를 보는 것 자체가 스트레스이자 부담이 되어서 이후에는 신문 위에 바로 국문, 영문을 같이 써보고 쓴 내용을 읽고 말해보면서 공부하기 시작했어요. 이런 식으로 내용이 겹치는 모든 기사를 공부한 후에는 미련 없이 신문을 버렸고요.

그렇게 하다 보니 앞으로 이 표현을 다시는 공부할 기회가 없을지도 모른다는 생각에 그 자리에서 더 열심히 공부하게 되고, 자료를 쌓아놓을 일도 없어 좋았어요. 굉장히 큰 뉴스 같은 경우 거의 일주일에 걸쳐 관련 기사가 나오기 때문에 반복학습의 효과도 생기게 되고, 국문을 기반으로 공부하는 방법이기 때문에 내가 하고 싶은 말이 있을 때 꺼내 쓸 표현이 많이 누적된다는 이점도 있죠. 영자신문만 읽지 말고 꼭 국문 기사도 함께 보세요! 인터넷 뉴스보다는 종이신문이 집중해서 보기에 더 유리하기 때문에 종이신문 구독을 추천해요!

02_필사

너무 고전적인 방법이 아닌가 싶겠지만 필사를 제대로 꾸준히 하는 사람은 거의 없어요. 저는 통번역대학원 입시를 준비할 때부터 대학원 졸업 때까지 시간이 허락하는 날은 무조건 3~4단락 분량의 글로 필사를 했는데 부족했던 영어의 디테일을 잡는데 가장 큰 도움이 되었던 방법이라 꼭 추천하고 싶어요. 너무 긴 글을 가지고 필사 작업을 하면 질려버릴 가능성이 높기 때문에 제가 했던 대로 3~4단락 분량의 글로 매일 연습하는 걸 권해요. 영자신문을 구독한다면 영자신문 오피니언란에서 가장 짧은 글을 활용하는 것도 좋아요. 일반 기사가 사실의 나열이라면 오피니언란의 글은 논리의 흐름이기 때문에 똑같이 필사 작업을 하더라도 더 많은 도움이 되거든요.

저는 일단 한 문장씩 쓰면서 읽고, 안 보고 한 번 읊어보는 식으로 글 전체를 공부한 후에 한 문단씩 써보고 원문과 비교해서 다른 부분이 없는지 체크했어요. 특히 저는 전치사를 틀리는 경우가 많았는데, 전치사가 틀리면 우리나라 말에서 '이'나

'가' 같은 조사가 틀리는 것과 마찬가지라 원어민이 듣기엔 어색하게 들리므로 꼼꼼하게 점검해야 하죠. 단락별로 틀렸던 부분을 충분히 다시 공부했다는 생각이 들면, 원문을 덮어놓고 글을 처음부터 끝까지 내 기억에만 의존해서 써보는 거예요. 다 쓴 후에는 원문과 비교해서 다른 부분은 없는지, 단락별로 썼을 때 틀렸던 부분을 또 틀리진 않았는지 재차 점검해보고요.

처음에는 너무 지루하고 비효율적인 공부가 아닐까 걱정도 됐지만 하면 할수록 내 기본기가 탄탄해진다는 생각이 들더라고요. 틀리는 부분이 줄어들고 소요되는 시간이 짧아질 때마다 재미도 느꼈고요. 여러분도 힘들다고 포기하지 말고 꾸준하게 하다 보면 어느 순간 스스로 감탄할 만큼 영어의 디테일이 잡히게 될 거예요!

03_콘텐츠 노출

뻔한 얘기지만 영어를 많이 듣는 게 당연히 도움이 되겠죠. 그런데 무작정 자막 없이 미국 드라마를 보고 영화를 본다고 해서 공부가 되는 것은 아니에요. 내가 귀로 들었을 때 뭘 모르고 뭘 놓치는지 파악하면서 봐야 미국 드라마 한편을 보더라도 공부가 되죠. 그래서 저는 영어 자막을 놓고 영어 콘텐츠를 보는 것을 가장 추천해요. 저 같은 경우 귀로는 인물들의 대사를 듣고 눈으로는 영어 자막을 보면서 전치사나 숙어, 관용어 표현을 주로 익히고 있죠. '저 동사 뒤에는 이 전치사가 붙어서 이런 상황에 쓰이는구나.'하는 정도로 생각하면서 볼 뿐이지 모르는 단어가 하나 나온다고 해서 드라마를 멈추고 단어를 검색하진 않아요. 그러면 콘텐츠를 보는 게 재미 없어지거든요. 콘텐츠는 흥미를 잃지 않아야 꾸준히 볼 수 있기 때문에 피로도가 쌓일 정도로 기를 쓰고 표현을 따라가는 것보다는 편하게 느껴지는 범위 안에서 눈으로 표현을 익힌다고 생각하고 즐기면서 보는 걸 권해요.

영어소설 읽는 것도 마찬가지예요. 자투리 시간에 틈틈이 재미있게 읽는 게 좋고, 전반적인 내용을 이해하는데 크게 무리가 없다면 표현 하나하나를 찾아보면서 읽는 것보다는 흐름을 따라서 끊지 않고 읽는 것을 추천해요. 대신 아무리 짧은 시간이라도 영어 콘텐츠는 매일 접하라고 말해주고 싶어요. 저도 통역사 생활을 한 지 꽤 되었지만, 지금도 일이 없는 날에는 아무리 귀찮고 바빠도 짧게나마 영어로 된 영상을 보고 영문을 읽죠. 넷플릭스를 이용한 이후로 괜찮은 미국 드라마를 추천받다 보니 일일이 다운로드하는 귀찮음도 사라져서 예전보다 더 편하게 볼 수 있어요. 다양한 주제를 가진 드라마를 병행해서 보려고 하고, 일하면서 영어가 모국어가 아닌 사람의 영어를 통역할 일이 워낙 많기 때문에 주인공이 악센트 있는 영어를 구사하는 드라마라면 반드시 챙겨 봐요.

꼭 스트리밍 서비스를 이용할 필요는 없지만 어찌 됐든 하루에 한 번은 영어로 된 콘텐츠에 자신을 노출시키는 게 중요해요. 언어 능력이라는 게 워낙 야박하기 때문에 꾸준히 스스로를 노출시켜주지 않으면 안타깝게도 퇴보해버리거든요. 제가 통번역대학원에 재학 중일 때는 거의 강박적으로 청소기를 돌리거나 외출 준비를 하는 자투리 시간까지 이어폰을 꽂고 TED 강연이나 라디오 뉴스를 청취하곤 했어요. 정말 쓰러질 만큼 피곤하다면 누워서라도 스마트폰을 이용해 영어로 된 영상을 1분이라도 시청하자, 또는 영어 기사 한두 줄이라도 읽고 잠들자 등의 목표를 설정하고 실천해보세요!

04_암기

어릴 때 외국에서 살다 와서 자연스럽게 영어를 습득한 경우가 아니라면 암기는 피할 수 없는 과제예요. 통역을 하면서 만나는 클라이언트 중에는 '저는 암기가 별로 맞지 않아서 그런데 다른 공부 방법 없나요?'라는 질문을 하는 분이 셀 수 없이 많은데요. 그때마다 제 대답은 한결같이 '없습니다.'였어요. 솔직히 말해서 속도의 차이는 있을 수 있지만 암기가 맞지 않는 사람은 없다고 생각해요. 단지 귀찮을 뿐이죠. 그 귀찮음을 극복하지 못하면 영어공부는 포기하는 게 좋아요.

암기를 할 때 활용할만한 자료를 추천해드릴게요. 먼저 스스로 어떤 상황에서 영어가 더 불편한지 파악해야 해요. 일상적인 영어회화는 어느 정도 하겠는데 격식 있는 영어는 좀처럼 안되는 사람도 있고, 오히려 일상적인 영어가 더 부자연스러운 사람도 있어요. 제 경우에는 통번역대학원 입시 준비를 하면서 본격적으로 영어 실력이 쌓인 사례이기 때문에 후자에 해당됐죠. 입시 준비 과정에서 연설문이나 기사, 보고서는 질

리도록 봤지만 오히려 생활영어를 멀리했기 때문이에요. 그래서 통번역대학원에 다니면서는 영자신문의 고민 상담 편지 코너를 읽어보고 유용한 표현이 많은 걸 하나 골라 통째로 암기하는 시간을 거의 매일 가졌어요. 편지는 구어체로 쓰기 때문에 자연스러운 영어로 일상에서 있었던 일을 표현하는 방법을 익히기에 최적의 자료라고 할 수 있거든요. 제가 입시를 준비할 때 학원 강사가 추천해준 방법인데, 처음에는 효과가 미미해 보였지만 대학원 졸업하기 직전에 폭발적으로 좋은 결과가 나타났죠. 제 영어 구사 능력을 크게 향상해준 만큼 효과는 보장해요.

저와는 반대로 일상적인 생활영어는 큰 어려움이 없는데 보다 격식 있게 영어를 말하고 싶은 분들은 검색엔진을 통해 연설문을 찾아 암기하는 것을 추천해요. 이것도 입시 준비 때 학원 강사가 알려준 공부 방법이죠. 저는 당시 미국 대통령이었던 오바마가 매주 발표하던 연설문을 모두 외웠어요. 백악관 홈페이지에 매주 스크립트와 영상이 올라오기 때문에 공부하는 데 최적화된 자료였죠. 아마 지금도 상당수 찾아볼 수 있을 거예요. 연설을 잘하기로 유명한 오바마 대통령의 연설문 외에도 유익한 연설문은 많아요. 인터넷에서 얼마든지 찾아볼 수 있으니 꼭 찾아서 암기해보세요.

결론적으로 암기를 꼭 해야 하는 이유는 내 영어의 완성도 때문이에요. 귀로 들을 때는 전치사가 안 들리고 몇 개 단어가 안 들려도 내용은 대충 파악되는 경우가 많아요. 대부분의 사람들은 그 정도만 알아들어도 똑같은 말이 내 입에서 나올 수 있다고 착각하는데요. 정작 방금 들은 말을 그대로 해보라고 하면 동사와 전치사의 결합이 틀리거나 강세가 틀리거나 하는 등 어설픈 점이 많은 경우가 대부분이죠. 암기를 하면서 직접 써보고, 소리 내어 읽으면서 각 단어의 강세도 점검하고, 물 흐르듯 완결된 문장을 말해보는 경험이 쌓여야 이후 그 표현을 쓰고 싶을 때 자연스럽게 말할 수 있게 돼요. 그러니 아무리 귀찮고 오래 걸려도 내 입에서 나왔으면 하는 표현은 꼭 정성 들여 암기하는 거 잊지 마세요!

제목만 보면 다 뻔한 얘기 같지만 소개해드린 방법대로 직접 해보면서 꾸준히 공부한다는 게 결코 쉽지는 않을 거예요. 하루에 이 네 가지를 다 하겠다고 생각하면 버거울 수 있으니 하루에 최소 한 가지 이상은 해보자는 마음으로 시작하면 좋을 것 같아요. 당장 눈앞의 수능이나 토익 등 시험에 특화된 제한적인 공부만 하면 영어 실력을 전체적으로 향상시킬 수 없어요. 시간이 더 걸리더라도 제 방법대로 영어 실력을 끌어올리면 시험은 자연스럽게 잘 볼 수 있다고 생각해요. 보다 큰 그림을 가지고 근본적인 영어 실력을 쌓아서 필요한 시험은 그때그때 실력으로 잘 볼 수 있도록 하는 게 바람직하지 않을까요? 그렇게 되기까지 걸리는 시간은 사람마다 다르겠지만, 결국은 언어를 읽고, 쓰고, 듣고, 말하면서 다방면을 고르게 발달시켜줘야 내가 진정으로 구사하는 언어가 되겠죠. 다양한 분야의 용어도 부지런히 공부해서 주제를 가리지 않고 자연스럽게 영어로 대화하는 그날이 오길 응원할게요!

동시통역사
이윤희 스토리

편 부모님은 어떤 분이셨는지, 어린 시절 환경은 어땠는지 궁금해요.

이 부모님 두 분 모두 제약회사에 다니셨는데 회사에서 만나 결혼하셨어요. 그리고 얼마 되지 않아 두 분이 회사를 그만두고 작은 사업을 시작하셨죠. 식자재 유통 사업이었는데요. 처음 하는 사업이라 초반에는 난항을 겪어서 운영이 쉽지는 않았대요. 경제적으로 어려운 가운데 저보다 한 살 위인 언니와 저, 두 살 아래인 남동생이 태어났어요. 가게에 딸린 단칸방에서 다섯 식구가 옹기종기 모여 살았는데 다행히도 그 기억이 어둡고 암울한 기억은 아니었어요. 부모님은 유쾌하고 재미있는 분들이셨고, 가족 모두가 모이면 도란도란 이야기를 나누었던 밝고 단란했던 가족이었거든요.

엄마는 일을 잘하는 분이셨고, 아빠는 아이를 잘 돌보는 분이셨어요. 부모님의 그런 성향 덕분에 저희 삼 남매는 아빠와 보낸 시간이 많았어요. 한여름엔 수영장에서 추운 겨울이 오면 눈썰매장에서 신나게 놀았죠. 그땐 몰랐지만 나중에 친구들 얘기를 들어보니 저처럼 아빠와 많은 시간을 보낸 사람이 드물더라고요. 아빠의 육아 참여도가 높을수록 아이들의 정서와 인지능력, 사회성 발달에 좋은 영향을 준다고 하잖아요. 따뜻한 추억을 만들어주신 것도 감사한데 알게 모르게 좋은 영향까지 주셨다고 생각하니 저는 운이 좋지 않았나 싶어요.

그 시절 엄마의 가장 큰 걱정은 돈이었대요. 같은 시기에 삼 남매를 대학에 보내야 하는데 혹시라도 돈 때문에 지원을 충분히 못해줄까 싶어 걱정이셨죠. 다행히도 사업은 느리지만 꾸준히 잘 돼서 저희가 대학에 갈 때쯤엔 어느 정도 궤도에 올랐고, 대학 등록금은 물론 제 대학원 등록금까지 지원해주셨어요. 지금도 부모님 덕분에 쾌적한 집에서 안락하게 살고 있고요. 정말 감사하죠. 당시 부모님의 나이가 지금 저와 비슷한 나이였더라고요. 저는 이렇게 철없이 즐겁게 살고 있는데 부모님께서는 작지만 하나의 사업체를 꾸려나가는 동시에 아이 셋의 육아도 하셔야 했죠. 그런 상황을 지혜롭게 헤쳐 나온 것만으로도 대단하고 그게 바로 성공한 삶이 아닌가 싶어요. 가족을 생각하는 것만으로도 따뜻한 마음이 들도록 좋은 환경을 만들어주신 부모님께 감사해요.

편 어린 시절 특별히 기억에 남는 일이 있었나요?

이 제 모습을 보면 아시겠지만 지금은 말도 많고 적극적인 편인데요. 어려서는 부모님이 걱정하실 정도로 굉장히 소심하고 체구도 작은 아이였어요. 유치원에 가면 먼저 출석을 부르는데 대답을 하면 아이들이 쳐다볼 거라는 두려움에 거의 반 년 정도를 대답도 하지 않고 가만히 지냈어요. 와 있는 걸 친구들도 뻔히 하는데 대답을 하지 않으니 오히려 더 눈여겨본다는 걸 그때는 어려서 잘 몰랐던 거죠. 선생님이 부모님께 상황을 알리셨고, 엄마와 대화를 나누면서 내일은 꼭 대답을 하기로 약속했어요. 그 약속 때문에 긴장한 채 유치원에 갔고, 출석을 부를 때 아주 작은 소리로 대답을 했어요. 조용히 다음 아이로 넘어갔으면 좋았을 텐데 선생님은 윤희가 처음으로 대답을 했으니 박수를 쳐주자고 하신 거예요. 조용히 넘어가 줬으면 대답을 해도 아무도 날 쳐다보지 않는구나 하고 받아들이며 자연스럽게 다음번에도 대답을 했을 텐데, 아이들의 박수를 받는 바람에 졸업할 때까지 다시는 대답을 하지 않았죠. 선생님께선 저와 같은 성향의 아이를 다룬 경험이 없으셨는지 그런 상황을 만드셨는데 그게 좋은 방법이었다고는 생각하지 않아요. 어쨌든 시간이 흐르면서 성격이 많이 바뀌었고, 이젠 말하는 게 즐거운 데다 말로 먹고살고 있죠. 그때의 나와 지금의 나를 비교해보면 이렇게 다를 수가 있나 싶어 참 신기해요.

편 어떤 학생이었나요?

이 평소엔 조용하고 무난한 학생이었어요. 그렇지만 불합리하다고 생각하는 일이 발생하면 바로바로 선생님께 제 의견을 말했어요. 친구들은 별문제 삼지 않는 일도 아니다 싶으면 소신 있게 제 생각을 말했죠. 보통 청소년기는 그 어느 때보다 또래집단의 영향을 많이 받는 시기라고 하는데요. 저는 여중, 여고를 나왔는데 그 집단만의 특성이나 친구들이 하는 행동에 별로 관심이 없었어요. 오히려 화장실에 갈 때나 매점에 갈 때면 꼭 둘 이상이 모여 함께 가는 행동 패턴에 반감을 가졌죠. 그 문화를 이해 못 하겠더라고요. 그래서 화장실이나 매점엔 웬만하면 혼자 갔어요.

편 중, 고등학교 시절에 대해 이야기해주세요.

이 중학교 2학년 때를 제외하곤 평범하고 무탈하게 보냈어요. 또래 친구들처럼 아이돌을 좋아했고, 방송반에서 프로듀서 파트를 맡아 활동하기도 했죠. 중학교 2학년 정도의 사춘기 청소년들이 흔히 겪게 되는 심리적 상태를 중2병이라고 하잖아요. 그게 저한테도 왔나 봐요. 공부는 하기 싫고 친구들이랑 어울려 다니는 것이 좋더라고요. 어느 날은 제 책상이랑

의자를 빼서 화장실에 숨겨두고 혼자 나간 적도 있어요. 학교 근처를 천천히 산책하다 아이스크림도 사 먹고 점심시간 때쯤 다시 조용히 교실로 돌아왔죠. 딱히 나쁜 짓을 하고 다닌 건 아니고 그런 식으로 방황을 좀 했어요. 그렇게 한 1년을 보내고 다시 제자리를 찾게 되었어요. 특별한 계기가 있었던 건 아니었는데 다시 공부에 집중한 것을 보면 시간이 약이란 말이 맞는 게 아닌가 싶네요.

고등학교에 들어가서는 2, 3학년 때 반장을 했어요. 옳다고 생각하는 일은 주저 없이 말하는 성격이기도 했고, 또 학급을 대표하는 반장이라는 역할을 맡기도 해서 선생님을 어려워하지 않았고 소신 있게 할 말이 있으면 했어요. 학급 단체 활동을 하는데 편법을 쓰는 친구가 있으면 못 하게 막기도 했고요. 옳은 일이라고 생각해 한 행동이지만 그런 제 모습이 아이들 눈에는 좋게만 비치진 않았나 봐요. 욕도 좀 먹고 장난의 대상이 되기도 했죠. 어느 날 칠판에 반장은 누구 선생님한테 가라고 적혀 있는 거예요. 그래서 교무실에 가보면 선생님은 저를 찾은 적이 없다고 하시는 거죠. 그런 장난을 치는 동급생들이 싫지 않았어요. 오히려 귀엽게 느껴졌죠. 그리고 크게 신경 쓰지도 않았는데요. 나중에 만난 친구들한테 그런 얘기를 하면 그게 바로 은따래요. 반 아이들이 은근히 저를 따돌렸다는 거죠. 지금 생각해보면 그게 따돌림이란 걸 몰랐다는 게 감사해요. 그때 친구들의 마음을 알고 상처를 받았다면 고등학교 생활이 많이 힘들었을 테니까요.

📖 공부는 잘 했나요?

📖 전교에서 알아주는 수재, 그 정도는 아니었지만 학년이 올라갈수록 성적이 올라갔고 나중에는 꽤 잘하는 편에 속했어요. 사교육을 많이 받지는 않았어요. 부모님은 사업체를 꾸려나가시느라 바쁘신 데다 아이가 셋이나 되니 공부할 사람은 알아서 공부하라고 하셨고요. 부모님께서는 부모가 강제로 정한 스케줄대로 아이들을 이 학원에서 저 학원으로 보내는 건 말도 안되는 일이라고 생각하셨어요. 학원에 가고 싶으면 어디 학원이 괜찮고 비용은 얼마인지 직접 알아보고 얘기하면 학원비를 주신다고 하셨죠. 제가 다닌 고등학교는 야간자율학습도 강제가 아니었어요. 상황이 그렇다 보니 수업이 끝나면 야간자율학습도 하지 않고 학원에도 가지 않고 집에 와서 자유롭게 공부하는 날이 많았죠.

당시엔 다세대주택 가장 위층에 살아서 옥탑방을 사용할

수 있었는데요. 제가 고3이라고 옥탑방을 내주셨어요. 공부하다 지겨워지면 잠깐 나와서 하늘을 보며 한숨을 돌렸죠. 친구들에 비하면 큰 스트레스 없이 여유롭게 수험생활을 했어요. 그렇게 생활하던 당시 겉멋이 들어서였는지 신촌에서 대학생활을 하는 사람들을 보면 부러웠어요. 나도 그렇게 되고 싶다는 바람에 신촌에 있는 대학을 목표로 공부를 했죠. 지금 생각해보면 굉장히 단순한 이유로 목표를 설정했는데 어쨌든 이화여자대학교에 입학해서 소원성취했다고 만족해했던 기억이 나네요.

편 특별히 좋아했던 과목이 있었나요?

이 국어와 영어를 좋아했어요. 제가 활자 중독 증세가 좀 있었나 봐요. 새 학년이 되면 가장 먼저 하는 게 새 교과서에 실린 예문이나 이야기를 읽는 거였죠. 이야기를 좋아해서 자연스럽게 국어 과목에 흥미를 느꼈어요. 영어도 좋아하는 과목 중 하나였고요. 영어시험을 보면 항상 높은 점수를 받았는데 실은 제가 문법을 잘 이해하지 못했어요. 선생님이 설명을 해주셔도 이해가 가질 않았죠. 그런데도 높은 점수를 받았던 건 암기를 잘해서일 거예요. 수많은 문장을 통째로 외우고 거기

지금도 가끔
오락실에 가요

서 패턴을 발견하는 방식으로 영어를 공부했거든요. 저한테 잘 맞는 방식이었고, 여러분들에게도 좋은 방법일 거라 생각해요.

편 학창시절 기억나는 일이나 사건이 있나요?

이 얼마 전에 초등학교 때부터 쭉 친하게 지낸 친구 2명과 그 시절 얘기를 한 적이 있어요. 저희가 학창시절엔 오락을 정말 좋아했더라고요. 지금도 좋아하지만 그때는 아침에 일찍 일어나 친구들과 만나서 오락실에 들렀다 학교에 갈 정도였죠. 방과 후에 가도 될 텐데 이른 아침부터 오락실에 간 이유가 뭔지는 기억이 나질 않지만 아마도 굉장히 빠져서겠죠? 인터넷 게임이 보급되고 동네마다 있던 오락실은 하나둘 사라졌어요. 제 유년시절의 추억도 같이 희미해지는 것 같아 쓸쓸한 기분이 드네요.

편 어렸을 때 꿈은 뭐였나요?

이 막연히 해보고 싶은 일이 몇 가지 있었는데 그런 직업들을 보면 다 언어와 관련된 것이었어요. 영어 선생님이나 외교관 등이었죠. 지금 하고 있는 동시통역사도 여러 꿈들 중 하나였지만 유학을 갔다 온 사람만이 할 수 있는 일이라고 생각했어요. 그래서 내가 진짜로 이 일을 할 수 있다곤 생각하지 못했죠.

편 꿈꾸던 걸 이루셨네요.

이 그렇죠. 유학을 안 가서 못할 거라고 오랫동안 생각해왔었는데, 그렇지 않다는 걸 알게 된 후 꿈을 향해 도전했고, 그 바람을 이루었죠. 그렇다고 제 인생이 완벽히 완성되었다고는 생각하지 않아요. 하지만 즐겁게 살고 있는 건 확실하죠. 일도 재밌고 하고 싶었던 일을 해보는 일상도 즐겁거든요. 나이를 더 먹고 가정이 생기면 또 다른 바람이 생길지도 모르겠지만, 지금 이 순간 나에게는 더 바랄 게 없다는 생각이 가끔 들어요. 그만큼 이 일과 제 생활에 만족하고 있죠. 친구들이 모두 직장생활을 하다 보니 그들에 비해 내가 얼마나 여유롭게 생활하는지 잘 알아요. 또 같은 일을 하는 동료 중에는 비수기엔 조급해하는 분도 꽤 있는데, 저는 그렇지 않아요. 휴식기라 생각하고 마음을 내려놓고 푹 쉬고 있죠. 오히려 재충전의 시간을 가질 수 있음에 감사하고 있어요. 돈만 많이 벌면 뭐 하겠어요. 그 돈을 쓰고 누릴 수 있는 시간이 없다면요. 지금은 일과 휴식의 밸런스가 적절해서 몸도 마음도 아주 편안해요.

편 대학생활은 어떠셨어요?

이 전공으로 독어독문학을 복수 전공으로 정치외교학을 선택했는데, 전공수업이 정말 재미있었어요. 어학 수업은 새로운 언어에 대한 갈망을 해소해주었고, 문학이나 예술 사조, 여성학을 다루는 수업은 단순히 지식을 습득하거나 역사적 사실을 외우는 과정이 아니라 생각하는 힘을 기르는 발판이 되었죠. 그런데 전공이 독어독문학이라고 하면 대충 성적에 맞춰서 지원했다고 혹은 인생에 전혀 도움이 되지 않는 학문이라고 낮춰보는 분들이 많아요. 저는 그런 의견에 동의하지 않아요. 오히려 대학이 회사원 양성소가 돼버린 현실이 너무 안타깝죠. 실무는 회사에 들어가서 배워도 늦지 않잖아요. 사회로 나가기 전에 다양한 문학작품이나 예술작품을 보며 작품에 대해 깊이 있게 생각하고 사람들과 토론하며 사고를 확장하는 시기가 꼭 필요하다고 봐요. 저 같은 경우 그 시기를 거칠 수 있어서 얼마나 도움이 되었는지 몰라요. 대학에서 수많은 작품을 보고 읽으며 역사와 문화, 사상의 흐름에 대해 이야기 나눌 수 있었던 그 시간들이 지금도 참 소중하게 느껴져요. 그런 경험이 제 인문학적 소양을 넓혀주었고, 지금 제 근간을 이루는 한 부분이 되었다고 생각하니까요.

지금도 많은 학생들이 대학이라는 공간을 취업을 위한 관문 정도로 생각할 거예요. 1학년 때부터 취업을 위한 스펙 쌓기가 시작되잖아요. 그런 분들에게 대학에 다니는 짧지 않은 시간이 앞으로 여러분의 삶을 훨씬 더 풍요롭게 만들어줄 황금기가 될 수도 있다고 얘기하고 싶어요. 마음의 여유를 가지고 하고 싶은 공부를 해보라고 권하고 싶어요. 물론 불확실한 미래에 대해 두려운 마음이 들어 쉽지는 않겠지만요. 하지만 그렇게 스펙 쌓기에 열중해도 원하는 곳의 취업이 보장되는 것도 아니고, 원하던 곳에 취업이 된다고 완벽한 인생이 시작되는 것도 아니잖아요. 그렇다면 저처럼 잠깐 숨을 돌리고 인류가 걸어온 길과 그 흐름에 피어난 다양한 작품에 대해 생각해보는 여유를 갖는 것은 어떨까요?

편 언제부터 이 직업에 관심이 있었나요?

이 어릴 때부터 막연히 통역사라는 직업을 동경했어요. 하지만 앞에서도 얘기했듯이 유학을 갔다 온 사람이나 외국에서 살다 온 사람만이 할 수 있는 일이라고 생각해서 제 미래의 직업으로는 고려하지 않았어요. 그러다 본격적으로 이 직업에 대해 알아보고 나도 충분히 할 수 있는 일이란 걸 알고 난 후

오랜 방황 끝, 6년 만에 대학 졸업

대학교 4학년 때 통번역대학원에 진학해야겠다고 결심했죠. 저는 대학생활 내내 하고 싶은 공부를 하며 보냈기 때문에 스펙이라고 할 게 없었는데요. 대학원 자체에서 실시하는 입학

통번역대학원 한영과 수석 졸업, 총장상 수상

시험만 통과하면 그 외에는 전공이나 학점 등 어떤 조건도 보지 않는 시스템이 저에겐 유리하게 작용했죠. 덕분에 직업과 직접적인 관련이 없는 공부를 실컷 하고도 꿈을 이룰 수 있었어요.

편 통번역대학원을 졸업 후 바로 이 직업을 가졌나요?

이 네. 저는 대학원을 졸업하고 바로 동시통역사가 되었어요. 대학원은 대학 4학년 때 졸업을 1년 유예하고 시험을 준비해서 합격했고요. 대학원에 들어가 보니 저처럼 바로 대학에서 온 학생보다는 직장 경력이 있는 분들이 많았어요. 다양한 분야에서 직장생활을 하고 온 30대가 주를 이뤘는데, 그런 분들은 각자 자신이 몸담았던 산업 분야에서 쌓았던 경력이 배경 지식으로 자리 잡아 추후 동시통역사가 되어 일할 때 상당한 도움이 될 거라고 생각했어요. 그런 점은 참 부러웠죠. 그 분야만큼은 통역이 용이할 거 아니에요. 그러니 직장생활을 하며 이 일을 준비하고 있다면 너무 늦게 시작하는 게 아닐까 초조해하지만 말고 자신의 경력이 나중에 도움이 될 수도 있다는 것을 기억하세요.

진로를 선택하는 데 도움을 주신 분이 있나요?

부모님 두 분이 가장 큰 도움을 주셨죠. 저희 집 가정 형편이 아주 넉넉한 편은 아니었는데요. 그래도 기회가 생길 때마다 부모님께서는 해외여행에 데려가 주셨어요. 식견을 넓히는데 도움이 될 거라고 하시면서요. 특히 아빠는 지나간 시간은 돌아오지 않으니 지금 현재를 즐기라고 자주 말씀하셨죠. 여행 역시 주머니의 여유보다는 마음의 여유가 있는 사람이 갈 수 있는 것이라며, 돈이 있을 때 가야지 하지 말고 뭔가 보고 싶은 게 생기면 바로 여행 계획을 세우라고 하셨고요. 그리고 떠난 이국에서 앞으로 진로를 정할 때도 국내 시장만 생각하지 말고 지금 서있는 여기를 비롯한 세계무대까지 고려해보라고 충고해주셨죠. 해외에 가서 일하며 살겠다고 해도 엄마, 아빠는 괜찮다면서요. 부모님의 개방적인 사고방식이 지금처럼 자유로운 삶을 사는데 많은 영향을 주었어요. 만약 대기업이나 안정적인 직장이 제일이라며 권하셨다면 프리랜서 일을 시작할 때 고민이 많았을 거예요.

부모님이 사업을 하셔서 가족끼리 휴가 기간을 맞추는 것도 용이했어요. 언니가 결혼하기 전까지는 거의 1년에 두 번정도 함께 여행을 다녔죠. 그런 생활이 좋아서 나중에 가정이 생기면 나도 부모님처럼 눈치 보지 않고 자유롭게 휴가를 쓸 수 있는 직업을 가지면 괜찮겠다고 생각했어요. 부모님께서도 출퇴근 시간이 일정한 직장보다는 매번 새로운 일을 하는 게 저한테 잘 맞을 것 같다고 얘기해주셨고요. 저를 가장 잘 아는 두 분이 해주신 말씀이라 무게감 있게 다가왔고, 프리랜서 직종을 선택하는데 상당한 영향을 미쳤어요.

編 직업관을 형성하는데 도움을 준 책이나 영화가 있을까요?

이 책에 묻혀 지내시는 큰 외삼촌이 계시는데요. 책 선물도 무척 좋아하셔서 저희 집에 오실 때마다 몇 권씩 가져오셨죠. 저희 집은 아이가 셋인데요. 너희 셋이 같이 봐라 하고 주신 게 아니라 각자에게 맞춘 책을 준비해오셨어요. 언니와 저, 동생의 연령과 취향에 맞는 책을 골라 선물해주신 거죠. 대학에 들어간 후 외삼촌께서 선물해주신 책이 최정화 교수님의 『21세기 최고의 전문직, 통역번역사에 도전하라』였어요. 최정화 교수님은 한국외국어대학교 통번역대학원의 교수이자 불어 동시통역사예요. 프랑스 최고 훈장인 레지옹 도뇌르Legion d'Honneur 를 받은 분이고요. 그분이 2004년에 쓴 책으로, 통역사나 번역사가 되려면 반드시 알아야 할 이론과 실제, 교수님만의 노하우를 담았죠. 교수님의 삶을 보면서 통역사의 인생도 참 재미있을 것 같다는 생각을 처음 하게 되었어요. 세계무대에서 자신의 꿈을 이룬 여성으로서의 모습도 멋있었고요.

　대학에 다닐 때 생각했던 게 있는데 바로 도서관에서 등록금 본전을 찾자는 것이었어요.^^ 수시로 도서관에 들러 많은 책을 대여해서 읽었죠. 평소에는 자기개발서를 잘 읽지 않는데 우연히 다니엘 핑크Daniel Pink의 책을 고르게 되었어요. 다니엘 핑크는 앨 고어Al Gore 전 미국 부통령의 수석 연설문 작성자였으며, 2011년에는 세계에서 가장 영향력 있는 50인의 비즈니스 사상가 중 한 명으로 선정되기도 했죠. 제가 고른 책은 그분이 2004년에 쓴 『프리 에이전트의 시대』라는 책이었어요. 저자가 미국 전역을 돌아다니며 다양한 프리 에이전트들을 인터뷰하고 쓴 책으로, 앞으로는 자유롭게 자기의 삶을 통제하며 일하고 여가를 즐기는 프리랜서의 삶이 더욱 보편화될 것이라고 말하고 있어요. 단순한 추측과 가정으로 쓴 글이 아니라 각종 문헌과 자료를 철저하게 검토해 다다른 결론이라 프리랜서의 삶도 불안한 것만은 아니겠다는 생각을 갖게 해주었죠. 불확실한 미래에 대해 막연한 불안감이 있는 분이라면 한번 읽어보길 권해요.

편 현재의 삶에 만족하시나요?

이 앞서 잠깐 얘기했듯이 회사에 다니는 친구들에 비해 자유롭게 시간을 조절해 쓸 수 있는 점도 좋고 재미있는 일을 직업으로 삼게 된 것도 좋으니 지금의 삶이 더없이 만족스럽죠. 더불어 또래보다 많은 소득도 흡족한 부분이고요. 그렇지만 처음부터 이렇진 않았어요. 초반에는 많이 힘들었죠. 선배님들도 초반 3년을 잘 버텨야 프리랜서 시장에서 자리를 잡을 수 있다고 하셨어요. 그만둬야 하는 게 아닐까 하고 심각하게 고민할 때마다 같은 길을 먼저 걸어간 선배님들의 말씀을 떠올리며 마음을 다잡았어요. 그렇게 버티다 어느새 5년 차가 되었고, 이제야 안정을 찾은 거죠.

편 소속이 없는데서 오는 불안감은 없었나요?

이 처음부터 잘 알고 시작한 일이라 소속감이 없는 건 괜찮았어요. 오히려 어디에도 속해있지 않은 자유로움을 즐겼죠. 그런데 처음 이 일을 시작하는 사람이라면 알아둘 것이 하나 있어요. 순진한 사회 초년생을 상대로 통역 요금을 지불하지 않는 일부 악덕 에이전시가 있으니 조심해야 한다는 건데요. 저는 그런 에이전시를 만나 마음고생을 많이 했어요. 소액 재판을 통해 돈은 받아냈지만 씁쓸한 맛은 쉬이 사라지지 않았죠. 꿈을 안고 새로운 길을 걸어가는 청년들을 격려해주지는 못할 망정 그런 식으로 뒤통수를 치다니 정말 화가 났어요. 그곳과는 거래를 끊었고 다행히 같은 일을 또 겪진 않았지만 그런 나쁜 사업 행태가 하루빨리 사라져서 여러분들은 그런 경험을 하지 않길 바라요.

편 만약 자녀가 있는데 동시통역사가 되겠다고 하면 권하실 건가요?

이 제가 사는 주체적인 삶이 좋아요. 그러니 원한다면 엄마처럼 자유롭고 자주적인 인생을 만들어가라고 말하고 싶어요. 또 한편 개인적인 욕심으로는 가족 구성원 모두가 각자 다른 일을 했으면 하기도 해요. 저와는 완전히 다른 일을 하며 딸 혹은 아들만의 세계를 만들었으면 하는 거죠. 그런 마음이 반반씩 있어요. 배우자 역시 저와는 다른 일을 하는 사람이었으면 해요. 저와 같은 일을 하는 사람이라면 제 성격상 조언이랍시고 참견도 종종 할 것 같은데 그런 상황은 원치 않으니까요. 서로의 일을 존중해주며 각자의 영역을 멋있게 바라볼 수 있는 관계가 좋을 것 같아요.

편 그밖에 관심을 가지고 활동하는 분야나 최근에 새롭게 도전하는 분야가 있나요?

이 지금 이 인터뷰를 하며 책을 만드는 과정이 저에겐 새로운 도전이에요. 새로운 시도인 만큼 열의를 가지고 하다 보니 저에게 큰 활력이 되고 있어요. 그리고 제가 다닌 통번역대학원 졸업생들을 대상으로 와인 모임을 운영하고 있는데 시작한 지 벌써 2년이 넘어가고 있네요. 동시통역사가 평소에 공부해두면 좋은 분야가 몇 가지 있는데 와인도 그중 하나예요. 만찬에서는 갑자기 와인을 소개하거나 와인에 대해 이야기하는 경우가 많거든요. 와인에 대해 공부도 할 겸 졸업생 네트워크도 강화할 겸 두 달에 한 번씩 모임을 주최하고 있어요. 제가 와인 전반에 해박한 건 아니라 저보다 더 잘 아는 선배 세 분이 운영을 도와주고 있고요. 동문 카페에 모임 일자와 장소, 시간을 공지하고 인원도 정해서 선착순으로 참가자를 받고 있죠. 매번 다른 장소를 물색해서 각 모임마다 테마를 달리해 진행하는데요. 이런 식으로 계속해서 새로운 테마를 계획하는 게 정말 즐거워요.

편 선착순으로 신청을 받는다고 하셨는데요. 한정된 인원으로 모임을 운영하는 이유가 있을까요?

이 저희 모임은 테마를 정하고 와인 서너 개를 선정해 모두가 그 와인을 마시면서 이야기하는 방식으로 진행해요. 그러다 보니 참가자가 너무 많으면 준비하기가 힘들더라고요. 그래서 보통 8~10명 정도를 받고 있죠. 참석 대기자도 있어요. 결원이 생기면 들어가게 해달라는 사람이 많아서 대기자 제도도 만들었죠. 고정으로 오시는 분도 많고요. 생각보다 인기가 많아요. 시장에 처음 나오는 초년생 후배들은 프리랜서 생활에 대한 이야기도 듣고 선배들과 안면도 틀 수 있는 기회라 좋아하는 것 같아요. 실제로 선배들이 일이 많을 때는 후배에게 넘겨주는 경우도 종종 있고요. 제가 두 달마다 한 번씩 모임의 공지를 올리다 보니 모임에 나오지 않는 동문들 중에는 제 얼굴은 몰라도 이름은 기억하는 분이 많아요. 큰 행사에서 우연히 만나 제 이름을 얘기하면 아, 그 와인 모임 하는 친구구나 하고 알아보죠. 바쁠 때면 이렇게 즐거운 모임도 가끔 버거울 때가 있지만 계속 해나가고 싶어요. 더 좋은 프로그램으로 구성해 동문들에게 유익한 모임으로 만들어 나가고 싶고요.

졸업생 대상
와인 모임

🔲 동시통역사로서 앞으로 어떤 목표를 갖고 계시나요?

🔲 당연히 제 주변에는 동시통역사가 많아요. 그렇지만 실제 대부분의 사람들 주변에는 동시통역사라는 직업이 흔하진 않을 거예요. 처음 만나는 분께 제 직업을 소개하면 동시통역사는 처음 본다는 분들이 대다수였죠. 그렇기 때문에 미디어에서 보여주는 모습만 보고 오해를 하는 분들이 계세요. 잘못된 정보도 많고요. 그런 모습을 개선하고 싶은 게 제 바람이에요. 그런 마음을 가지고 있던 차에 이 책을 통해 동시통역사라는 직업에 대해 진솔하게 이야기할 수 있는 기회가 생겨 기뻐요. 책뿐만 아니라 다른 방식으로도 제 일을 소개하고 싶은데요. 매번 연사의 말을 통역하다 보니 언젠가는 나도 저 자리에 서보고 싶다는 생각을 했어요. 무대 위 연단에 올라 다른 사람의 이야기가 아니라 내 이야기를 하고 싶어요.

🔲 마지막으로 동시통역사를 꿈꾸는 청소년들에게 하고 싶은 말이 있나요?

🔲 제가 청소년 때부터 좋아한 영어 글귀가 있어요. The best is yet to come. 최고의 순간은 아직 오지 않았다는 뜻이죠. 특별할 것 없어 보이는 말이지만 저에겐 큰 힘이 되어준

Job
Propose 22

구절이었어요. 저는 이 일을 하기 전까지 과연 내가 동시통역사가 될 수 있을까 수없이 고민했어요. 동시통역사가 되고 난 후에는 그만두고 싶은 적도 있었고요. 그럴 때마다 저를 붙잡아준 게 바로 최고의 순간은 아직 오지 않았다는 말이었죠. 그 구절을 생각하면 버틸 수 있는 힘이 생겼어요. 덕분에 힘든 시기를 잘 헤쳐 나올 수 있었죠. 꼭 일과 관련된 것이 아니어도, 개인적인 일로 힘들었을 때 이 말을 떠올리면 이 순간이 곧 지나고 더 좋은 무언가가 기다리고 있을 거라는 희망이 보였어요. 힘들 때와는 반대로 정말 행복하고 다 가진 것 같은 순간에도 이 구절이 떠올랐죠. 더 나은 미래가 기다리고 있을 테니 여기에 안주하면 안 되겠다고 더 열심히 해야겠다고 마음을 다잡는 계기가 되어주었어요. 여러분 역시 최고의 순간은 아직 오지 않았을 거라 생각해요. 꿈을 이루고 인생 최고의 순간을 경험하며 풍요로운 삶을 살기 위해서 우리는 어떻게 해야 할까요?

제가 청소년기를 보낼 때 어른들이 많이 하신 말씀 중에 이런 게 있었어요. 너희는 노력만 하면 뭐든 될 수 있고, 나이도 어리니 힘들 게 없다는 것이었죠. 그런 얘기를 들을 때마다 쉽게 수긍할 수 없었어요. 저는 그때가 정말 힘들었거든요.

다시 그 시절로 돌려보내 준대도 저는 싫다고 할 거예요. 공부 한 가지만 하면 되는 아주 편한 시기라고 생각할 수도 있지만 그렇지가 않잖아요. 저는 공부 자체가 너무나 무의미해 보여 그 시기를 괴롭게 보냈거든요. 여러분 중에는 동급생과의 관계, 선생님이나 주변 사람들과의 관계를 이어나가는 것조차 버거운 친구들도 있을 거고요. 청소년들이 얼마나 고된 시간을 보내는지 잘 알아요. 하지만 그 시기에 공부를 하지 않으면 결국은 선택지가 준다는 것도 알죠. 나중에 하고 싶은 일이 공부와는 상관없으니 난 공부 안 해도 된다는 학생도 있을 거예요. 저도 한때는 그렇게 생각한 적이 있고요. 그렇지만 우리의 미래는 아무도 몰라요. 그런 생각으로 학업을 소홀히 했는데 만약 공부를 정말 잘 했어야만 할 수 있는 일이 하고 싶어질 수도 있으니까요. 당연한 얘기지만 공부를 잘해놓으면 하고 싶은 일을 선택을 할 수 있는 가능성이 더 높아질 거예요. 그러니 우선은 힘들더라도, 무의미해 보이더라도 공부를 열심히 해보라고 말하고 싶어요.

　마지막으로 영어에 대한 관심은 많은데 동시통역사가 될 수 있을지 스스로 확신이 없는 학생, 동시통역사가 되고 싶은데 어디서부터 준비해야 할지 막막한 학생, 동시통역사라는 직업에 대해 더 자세한 이야기를 나누고 싶은 학생 누구든 좋아요. 언제든지 출판사를 통해 연락 주세요. 어떤 고민이든 제가 알고 있는 선에서 성의 있게 얘기해 줄게요. 여러분의 꿈을 응원하는 선배로서 다시 만나고 싶어요.

청소년들의 진로와 직업 탐색을 위한
잡프러포즈 시리즈 22

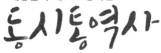

*세상을 무대로 소통하는
동시통역사

2019년 2월 25일 | 초판1쇄
2023년 10월 16일 | 초판5쇄

지은이 | 이윤희
펴낸이 | 유윤선
펴낸곳 | 토크쇼

편집인 | 박가영
디자인 | 김경희
마케팅 | 김민영

출판등록 2016년 7월 21일 제2019-000113호
주소 | 서울시 마포구 월드컵북로98, 2층 202호
전화 | 070-4200-0327
팩스 | 070-7966-9327
전자우편 | myys327@gmail.com
ISBN | 979-11-88091-54-6 (43190)
정가 | 15,000원